도서관은 살아 있다

지역사회의 플랫폼

김상진

도서관은

살아있다

夢而思 │ 학이사

■ 머리말

'도서관은 성장하는 유기체다.(A library is a growing organism.)'

이 문장은 '도서관학의 아버지'로 불리는 인도의 수학자
이자 문헌정보학자인 S.R.랑가나단이 제시한 '도서관학 5
법칙' 중 마지막 법칙이다. 도서관을 나타내는 여러 가지
수사가 있지만, 요즘처럼 이 표현이 적절하게 느껴진 적은
없었다. 전통적으로 지식정보의 보고寶庫로서 기능해 왔던
도서관이 빠른 속도로 변화하는 오늘날의 세상에서 어떤
역할을 수행해야 할지 고민해야 할 시점에 '성장하는 유기
체'란 표현만큼 매력적인 수사는 없기 때문이다. 같은 맥락
에서 책의 제목을 '도서관은 살아 있다'로 정했다.

2020년 2월 18일 대구에서 1차 대유행이 시작된 코로나
19 때문에 비대면 문화가 우리 삶을 파고들면서 디지털 대
전환(Digital Transformation)을 기반으로 한 4차 산업혁명도 가속
화되고 있다. 이 때문에 우리의 삶은 이전보다 훨씬 빠른 속
도로 바뀌고 있다. 지식과 경험의 가치가 갖는 생명력도 급
속히 줄어들었다. 공공도서관의 비대면 문화는 영상매체에
지식정보를 담아내고 공유하는 것은 물론, 메타버스Metaverse

플랫폼까지 활용하면서 본격적인 디지털 시대를 맞았다. 이와 함께 디지털 시대의 기반이 되는 소중한 아날로그 콘텐츠를 발굴하고 개발하는 데 더욱 박차를 가해야 하는 상황에 놓여 있다.

오늘날 공공도서관은 혁신을 요구받고 있다. 독서실 또는 책대여점 기능을 수행하던 전통적인 공공도서관은 이제 찾아보기 어렵다. 하지만 여전히 공공도서관에 대한 인식이 옛 기억에 머물고 있는 시민이 적지 않다. 이 대목에서 사서를 비롯한 도서관 구성원들은 시민들에게 자신과 도서관이 어떻게 비쳐졌을지 질문을 던져야 한다. 또 지능정보사회에서 도서관이 시민들의 삶에 어떤 영향을 끼쳤는지 반문해야 한다. 그리고 공공도서관의 사회적 역할에 대해 고민해야 한다.

공공도서관의 혁신을 통해 이용자인 시민들은 더 높은 수준의 도서관 서비스를 누려야 하고, 시민들과 도서관이 유기적으로 상호작용해야 한다. 나아가 지역사회의 거점으로서 지속 가능한 공동체 문화를 형성하는 데 기여해야 한다. 명실공히 도서관은 지역사회 구성원에게 지식정보를 제공하고, 독서문화를 진흥하면서 평생학습의 장이자 복합 문화공간으로 기능해야 한다. 이를 통해 궁극적으로 민주 시민의 역량을 강화함으로써 이용자들이 지적자유를 누리고, 삶의 질이 나아지는 데 일조해야 한다. 그래서 도서관이 없는 지역사회를 상상할 수 없게 돼야 한다.

이 책은 필자가 공공도서관 현장에서 배우고 느끼고 시도한 바를 정리한 것이다. 이론서처럼 논리가 정연하지 못하고, 주제도 산만하게 느껴질 것이 분명하다. 부끄러울 따름이다. 도서관의 변화를 통해 역사와 사회의 발전에 기여해야 한다는 소명감으로 쉽지 않았을 여러 가지 시도에 기꺼이 함께해 준 젊은 동료들에게 고마운 마음을 전한다. 오늘도 미래에 대한 희망을 안고 새로운 도전을 시작하는 모두에게 박수를 보낸다.

2021년 가을
용학도서관에서

1부

우리의 삶을 바꾸는 도서관

우리의 삶을
바꾸는 도서관

도서관의 패러다임이 급변하고 있다. 적어도 세상이 변화하는 속도를 따라잡기 위하여 스스로 또는 시민들의 요구에 의해 바뀌고 있다. 1960년대 우리나라에 서구식 도서관이 도입되면서 인식되었던 도서관은 독서실과 책 대여점 기능을 수행하는 공간이었다. 지역사회와 전 연령대의 지역주민을 서비스 대상으로 삼는 공공公共도서관은 더욱 그러했다.

아직도 변화하는 도서관을 경험하지 못한 채 자신의 학창시절에 경험했던 도서관의 이미지만 간직하고 있는 중년층과 노년층은 그 틀에서 벗어나지 못하는 것 같다. 하지만 '도서관은 성장하는 유기체'라고 강조한 인도의 수학자이자 근대 도서관학의 아버지로 불리는 랑가나단

(S. R. Ranganathan)의 말처럼, 도서관은 변신에 변신을 거듭하는 복합문화공간으로 거듭나고 있다.

필자가 근무하는 도서관인 공공도서관을 매일 찾는 은퇴자 A 씨의 이용행태를 살펴보면 변화된 도서관의 모습을 쉽게 포착할 수 있다. 매일 아침 자료실 문이 열리기도 전에 도서관에 도착하는 그는 자료실의 열람석에 가방을 놓은 뒤 먼저 신문열람대에서 조간신문을 읽고, 디지털 자료실로 자리를 옮겨 이메일을 확인한다.

이어 오전 10시가 되면 요일별로 문화강좌실에서 다양하게 진행되는 시 쓰기 또는 수필 쓰기 등 독서문화프로그램에 참여하여 강의를 들은 뒤 함께했던 시민들과 인근 식당을 찾는다. 오후에는 역시 요일별로 진행되는 사람도서관 또는 상주작가와 함께하는 프로그램이나 해설이 있는 음악 감상, 영화 감상, 미술 감상 프로그램을 즐긴다. 또한 직장생활을 하느라 그동안 읽지 못했던 책을 찾아 독서삼매경에 빠진다.

A 씨의 저녁시간에도 도서관은 존재한다. 그는 집에서 저녁식사를 마친 뒤 오후 7시에 맞춰 도서관을 다시 찾는다. 요일별로 기획된 대한민국 임시정부 수립 100주년 기념특강 또는 국비 공모사업으로 진행되는 길 위의 인문학, 인문독서아카데미 등 각종 강연이나 지역 인문학자들의 재능 나눔으로 진행되는 통청아카데미에 참석하는 것

으로 하루를 마감한다.

A 씨의 일과에서 볼 수 있듯이 도서관은 이미 아날로그 및 디지털 정보와 지식을 입력(input)하는 수준을 넘어 입력된 내용을 기반으로 상상하고 창작하는 출력(output) 공간으로 변화하고 있다. 또한 지식정보를 제공하는 고유의 역할을 수행하는 태도를 살펴봐도 시설과 장서를 관리한다는 관점이 이용자와 사서의 소통에 주안점을 둔 사람 중심으로 변화하고 있다.

특히 요즘은 이용자 개인이 미처 기대하지 않았던 질문과 역동적인 지적활동으로 더 넓은 세상을 만나고, 더 나은 삶의 가능성을 발견하는 공간으로 바뀌고 있다. 이 때문에 도서관은 우리 사회에서 요구되는 필수공간으로 자리매김하고 있다. 남자 80세, 여자 86세를 상회하는 평균수명의 연장과 함께, 유사 이래 최고 수준의 교육을 받았다는 베이비붐 세대의 은퇴 행렬, 지역사회의 중요성 증대 등이 도서관의 역할에 무게를 더하고 있다.

대통령 소속 도서관정보정책위원회가 2019년부터 2023년까지 5년간 추진할 제3차 도서관발전종합계획은 '우리 삶을 바꾸는 도서관'이란 슬로건을 내걸고 사람에 대한 포용성, 공간의 혁신성, 정보의 민주성을 핵심가치로 삼고 있다. 이 계획은 도서관이 공동체 소통의 장으로서 개인의 삶을 바꾸고, 우리 사회를 변화시킬 수 있도록 한다는 청사진을 담고 있다. 이와 함께 4차 산업혁명 시대를 맞은 도서관은 인공지능(AI)이 대체할 수 없는 인간 고유의 영역을 확장하는 기능도 수행한다. 비판적 사고와 창의성, 소통, 융합, 협력이란 키워드에 집중하고 있다.

공공도서관과
복지

보편적 복지가 사회 전반적으로 확산되면서 공공도서관도 복지의 한 축을 자임하고 나섰다. 도서관은 어떠한 기관보다 보편적인 사회기반시설이기 때문이다. 도서관이 담당해야 할 복지는 큰 틀에서 볼 때 정보 및 지식격차를 해소해 민주시민의 역량을 강화함으로써 시민들이 지적 자유를 누리고, 삶의 질을 향상시키는 방향성을 갖는다.

필자가 근무하는 도서관은 주변에 영구임대아파트가 많은 대구시 수성구 범물동에 있다. 이러한 지역 특성상 복지의 비중이 클 수밖에 없다. 이 때문에 주민들을 대상으로 복지 영역에 해당하는 생애주기별 맞춤형 서비스를 제공하고 있다. 어르신의 경우 젊은 세대가 갖는 부정적인 인식을 바꿔 사회에 쓰임새가 있는 노년이 되자는 내용의 강연과 토크콘서트로 꾸며진 '신노인新老人교실' 또는 '신노인포럼'이 매년 진행되며, 노년층의 치매를 예방하기 위한 '신바람 나는 노년 행복'도 순항하고 있다.

또한 지역주민들이 격주로 다문화가정을 방문해 멘토링 자원봉사를 하는 '찾아가는 다문화 가족봉사단'을 운영하고, 매주 인근 지역아동센터를 찾아 독서프로그램을 진행하고 있다. 특히 몸이 불편한 시민들에게 도움이 될 독서보조기기도 갖춰져 있다.

이와 함께 도서관을 이용하는 시민들이 자신의 이야기를 이웃에게 들려주는 '사람책방'이 매주 금요일 진행되고 있다. 사람책방은 거대담론이 아니라, 자신이 가진 생각 또는 지혜를 이웃과 공유하자는 의도에서 기획됐다. 이 과정에서 참여자는 자신의 가치를 확인하는 효과를 누리게 된다.

현재 공공도서관의 복지활동이 이처럼 전개되고 있지만, 그 영역은 차츰 확대될 것으로 전망된다. 특히 지적활동을 하던 베이비붐 세대가 은퇴하면서 노인 인구가 늘어나는 만큼 도서관은 이들의 욕구를 충족시킬 공간으로 변신할 것이다. 지금도 도서관을 중심으로 일상생활을 영위하는 은퇴자들이 많다.

2018년 현직 대통령이 처음으로 공공도서관인 서울시

은평구 구산동도서관마을을 찾아 생활 사회간접자본(SOC) 투자계획을 발표했다. 도서관 현장의 입장과 다른 점도 있지만, 공공도서관을 생활기반시설로 파악한 관점을 환영할 만하다. 도서관의 하드웨어인 시설을 확충할 뿐만 아니라, 전문 인력인 사서와 이들이 진행하는 소프트웨어인 다양한 기획에도 주목한다면 공공도서관은 시민들의 복지공간으로서의 역할을 더욱 충실하게 수행할 수 있을 것으로 기대된다.

도세권 圖勢圈

부동산업계에는 '역세권驛勢圈'이란 영향력 있는 용어가 있다. 보통 지하철역을 중심으로 반경 500m 안팎의 지역을 표현하며, 다양한 상업 및 업무활동이 일어나는 집객 세력권을 의미한다. 신규 아파트 분양이나 부동산 거래에서 반드시 챙겨야 할 요소다. 이 때문에 아파트 분양홍보물에는 가능하기만 하다면 어김없이 역세권이란 표현이 등장한다.

이와 함께 대단위 아파트단지를 일컫는 '빅세권', 학교 인근을 표현하는 '학세권', 숲을 가까이 둔 '숲세권', 호수나 강이 보이는 '물세권', 공원이 주변에 있는 '공세권', 문화센터 주변의 '문세권', 쇼핑몰이나 대형마트가 인근에 있는 '몰세권' 등이 부동산 투자자들 사이에서 널리 쓰인다. 'ㅇ세권' 시리즈는 생활의 편의성과 함께, 사람들이 많이 모여드는 장점 때문에 부동산의 가치를 상승시키는 소재로 인정받는 것이 대세다.

'도세권圖勢圈'이란 신조어도 알 만한 사람들 사이에서는 통용되고 있다. 부동산업계뿐만 아니라, 지적 문화생활을 추구하는 시민들 사이에서도 사용되는 이 용어는 '도서관圖書館' 인근 지역을 일컫는다. 도서관 주변 아파트를 비롯한 부동산 가격이 다른 곳보다 비교우위에 있다는 것이다. 이는 도서관이 요즘 들어 지역사회의 플랫폼으로서 복합문화공간 역할을 수행한다는 반증이다.

직장을 은퇴한 뒤 도서관을 거의 매일 찾는 한 남성 이용자는 택지개발사업으로 도서관 인근에 아파트가 들어설 당시부터 입주해 살았다. 그러다가 10여 년 전 다른 동네로 이사를 갔었지만, 최근 이 동네로 다시 이사를 왔다. 그는 다시 돌아온 이유를 묻는 이웃에게 은퇴생활을 하는 데 도서관이 필수적이라고 강조해 도세권의 장점을 확인해 주었다.

또한 필자의 한 여성 후배는 2010년대 초반 자녀들의 학업을 위해 경북에서 대구로 이사를 오면서 도서관 인근에 아파트를 전세로 구했다. 대학시절 문학도였던 그녀는 아이들에게 책 읽는 습관을 들이기 위해서는 도서관 가까이에 집을 선택할 수밖에 없었다고 설명했다. 아무쪼록 도서관을 찾아 이사하는 번거로움을 마다하지 않은 주민들을 위해 도세권 효과가 커지도록 애써야겠다고 다짐한다.

도심의 피서지,
도서관

　'대구'와 '아프리카'의 합성어인 '대프리카'란 신조
어가 최근 폭염의 도시, 대구를 상징하고 있다. 낮 최고기
온이 38.5℃까지 치솟으면서 1994년 39.2℃ 이후 7월 최고
기온을 기록한 2018년, 대구의 한 유튜버가 자신의 집 마
당 맨땅에서 차돌박이를 익히는 실험을 SNS에 생방송하
면서 전국적인 관심을 끌었다.

　그만큼 대구의 무더위는 예나 지금이나 시민들을 괴
롭히고 있다. 필자의 어린 시절에도 대구는 분지란 특성
때문에 여름에는 무더위로, 겨울에는 강추위로 유명했다.

　이런 가운데 지역 도서관이 도심 피서지로 각광을 받
고 있다. 연일 37℃를 웃도는 폭염이 이어지자, 이른바
'북캉스족'이 대거 등장한 것이다. '북캉스'는 '책(book)'

과 '바캉스'의 합성어다.

이른 아침부터 밤늦도록 어린 자녀의 손을 잡은 젊은 부모나 연세가 지긋한 노부부 등 가족 단위 시민들이 도서관을 찾는 것은 물론, 연인들도 팔짱을 끼거나 손을 맞잡은 채 데이트 장소로 도서관을 적극 활용하고 있다. 특히 한밤에도 최저기온이 25℃ 이상 유지되는 열대야를 피하기 위해 도서관을 찾는 시민들의 발길이 크게 늘어났다.

열대야가 이어지면 이용자가 가장 많은 토요일과 일요일 낮 시간대만큼 많은 시민들이 평상시에도 야간에 몰린다. 또한 초등학교 여름방학이 시작되면 초등학생을 대상으로 '책 속에서 여름 나기'란 주제로 독서교실을 연다.

이 같은 현상은 실내온도를 26~28℃로 유지해야 하는 다른 공공기관과 달리, 대부분 도서관이 어르신과 어린이 등 폭염 취약계층을 배려하는 '무더위 쉼터'로 지정돼 실내온도를 적정하게 유지할 수 있기 때문이다. 아무쪼록 찜통더위라도 도서관을 즐겨 찾고, 독서습관을 들이는 계기가 됐으면 하는 것이 도서관 관계자들의 바람이다.

새해
소원지

새해가 되면 올 한 해 꼭 이루고 싶은 소망을 생각하게 된다. 언제부터인지는 모르겠으나 자신이 품은 소망을 깨끗한 종이에 써서 나무나 줄에 매달거나, 벽에 붙이거나, 불에 태우거나, 풍선에 매달아 하늘로 날렸다. 이 종이를 '소원지所願紙'라고 한다. 종교와 관계없이 바라는 일을 정성껏 적은 뒤 치성을 드리면 소원이 이뤄지리란 기복祈福의 장치인 셈이다.

소원지 쓰기는 새해를 앞둔 연말부터 해가 바뀐 연초까지 전국 방방곡곡에서 진행되고 있다. 새해 첫날 일출을 볼 수 있는 바닷가 또는 산 정상에서 열리는 해맞이 행사장에는 반드시 등장하는 필수 아이템이다. 양력으로 진행되는 해맞이 행사뿐만 아니라, 음력 정월대보름 달집태우기 행사까지 소원지 쓰기는 이어진다. 이 가운데 올해부터 변화의 움직임도 있었다. 소원지를 풍선에 매달아 날리는 행사가 야생동물에게 피해를 준다는 지적 때문에 행사 자체가 대폭 줄었다.

필자가 근무하는 도서관에서도 소원지 쓰기 대열에 동참했다. 도서관을 이용하는 시민들의 새해 소망을 함께 기원하는 한편, 이용자들의 바람을 도서관 운영에 반영하는 데이터로 활용하자는 취지였다. 지난해 말 지역주민들이 기증한 책으로 크리스마스 북트리book tree를 만들면서 이용자들이 자신의 새해 바람을 소원지에 써서 북트리에 매달도록 안내했다. 이 행사에는 그림으로 소망을 표현한 어린이들을 포함해 모두 664명이 참여했다.

도서관을 애용하는 시민들의 새해 소망은 무엇일까. 유형별로 나눠보니 소원지 586장 가운데 건강과 행복을 바라는 내용이 325장으로 가장 많았고, 돈을 많이 벌게 해달라는 내용이 98장으로 그다음이었다. 또 성적 향상과 취업을 포함한 시험 합격을 소망하는 내용이 53장, 이성교제 또는 우정을 바라는 내용이 52장으로 뒤를 이었다.

도서관 입장에서 가장 반가운 소원지는 '독서'를 주제로 한 내용이다. 엄마 또는 아빠가 쓴 것으로 보이는 '아들, 책도 많이 읽어 주세요', '책 좋아하는 가족으로 행복하길…', '진짜 독서하는 새해가 되길 소망합니다'

등이 있었다. 또 어린이가 쓴 것으로 보이는 '재미있는 책 많이 읽고 싶어요', '책 많이 사주세요' 등도 책 읽기를 소망하는 내용이다.

가족이 주제인 새해 소망이 많았다. '우리 아들과 사이좋게 지내고 싶어요. 사춘기, 빨리 가라. 갱년기, 오고 있다', '아빠가 담배를 끊게 해 주세요', '여동생 갖고 싶어요', '둘째도 꼭 생기게 해 주세요', '엄마, 마음은 집에서 모시고 싶어요', '사촌 형과 함께 살게 해 주세요', '할머니가 우리 집에 살게 해 주세요', '새해에는 좀 더 멋진 아빠가 되길!' 등등.

어린이들의 천진난만한 소망도 상당수였다. 특히 게임 또는 반려동물을 원하는 내용이 주류를 이뤘다. '브롤스타즈 보석 1000개를 받고 싶어요', '휴대폰을 갖고 싶어요', '강아지와 햄스터와 고슴도치를 키우고 싶어요', '레고 하고 싶다. 심심하다. 나는 정당하다', '내 방에 컴퓨터 있게 해 주세요' 등이 그것이다. 또한 '빨리 키 크게 해 주세요', '빨리 어른 되고 싶어요', '12개월 동안 방학 되게 해 주세요', '엄마가 잔소리를 안 했으면 좋겠어요' 등 어린이다운 소망도 적지 않았다.

청소년들이 선호하는 직업도 자연스레 드러났다. '동화작가가 되게 해 주세요', '바이올린 천재가 되게 해 주세요', '축구선수가 되고 싶다', '아이돌이 되고 싶어요',

'좋은 선생님이 되게 해 주세요', '경찰 합격해서 자랑스러운 딸이 되자!' 등이다. 연예인을 선망하는 청소년들의 심정도 상당수 나타났다. '강다니엘이랑 결혼하고 싶어요', 'BTS, 트와이스, 연예인 만나게 해주세요', '방탄 만나게 해 주세요'도 있었다.

'사회가 균형발전하게 해 주세요', '우리 대구 안전하고, 전쟁 일어나지 않게 해 주세요' 등 개인의 소망을 넘어 공동체를 생각하는 내용도 적지 않았다. 어르신의 담담한 소망도 있었다. '세상에서의 모든 아픔은 버리고, 조용하고 행복한 영원의 여행을 감사히 떠날 수 있기를…' 등이다.

새해에 바라는 시민들의 모든 소망이 이뤄지길 기원한다. 도서관도 이용자들의 소망이 이뤄지는 데 조그마한 도움이라도 될 수 있도록 노력하겠다는 각오를 다진다.

기후위기와
숲도서관

'사이좋은 남매의 밭', '가윤&지훈 주말텃밭', '은성이와 시은이네', '숲속태양농장', '채소농장', '고라니텃밭'

필자가 근무하는 도서관의 분관인 무학숲도서관 애또래체험정원에 마련된 텃밭을 운영하는 가족들이 직접 짓고, 나무 팻말에 쓴 텃밭 이름의 일부다. 이 도서관은 아파트단지로 뒤덮인 수성구에서 도심의 허파 노릇을 하는 무학산공원에 위치하기 때문에 도서관 이름에도 자연스럽게 '숲'이란 키워드가 포함됐다. 지역주민들이 도서관 옆에 마련된 텃밭에서 무와 배추를 심고 가꾸는 체험을 하는 것도 이와 연관된다.

'숲도서관'이란 이름이 지어지면서 운영 방침도 자연

스레 주어진 셈이다. 그렇기 때문에 이 도서관에서 진행되는 각종 프로그램은 자연친화적이며, 지속가능한 도시를 만들기 위해 시민들이 필요로 하는 지식정보를 체험 방식으로 제공하는 데 집중하고 있다. 가족텃밭체험, 주말숲체험, 생태공예체험, 곤충사육체험, 벼농사체험, 무학산가족숲축제, 청소년생태탐방 등이 그것들이다.

덕분에 대구에서는 유일하게 문화체육관광부가 주최하고, 한국도서관협회가 주관하는 '2020 특화도서관 육성지원사업'에 선정돼 이름에 걸맞은 역할을 수행할 수도 있었다.

2020년 봄에는 코로나19가 확산되는 바람에 도서관이 문을 닫는 등 큰 어려움을 겪었지만, 얻은 교훈도 있다. 팬데믹 등급인 코로나19 사태를 통해 숲도서관이 수행해야 할 역할에 대한 확신이 생겼다. 더구나 '위드with 코로나'라고도 불리는 '코로나 일상'에서는 더 말할 필요가 없을 정도다. 코로나19는 2002년에 발생한 사스, 2009년의 돼지독감, 2012년의 메르스 등 신종 감염병의 최신 버전이다.

이 대목에서 숲도서관이 자연생태계와 기후위기의 중요성을 강조해야 할 이유가 있다. 자연생태계가 다양한 먹이사슬로 연결돼 있을 때는 바이러스가 소수의 생물 종種에 집중되지 않는 희석효과 덕분에 감염병이 퍼질 가능성이 낮다. 하지만 생물 다양성이 줄어들어 자연생태계가 단순해질수록 바이러스 확산효과는 커질 수밖에 없다.

이와 함께 요즘 기후위기란 표현으로 강도가 높아진 기후변화와도 깊이 연결됐다는 지적이 있다. 기후변화는 신종 감염병의 유일한 독립변수는 아니지만, 자연생태계에 나쁜 영향을 미쳤다는 설명이다. 세계보건기구(WHO)의 분석 결과 신종 감염병이 폭발적으로 늘어난 지난 반세기와 기후변화가 악화된 시기가 일치했다고 한다.

동물사회학자와 통섭학자로 유명한 최재천 교수도 "기후변화와 그로 인해 사라질 생물 다양성, 그 두 문제에 코로나19도 연결되어 있다."고 지적했다. 인간이 자연생태계를 파괴하고, 자연 속에서 잘 살던 야생동물들이 인간에게 바이러스를 옮길 수밖에 없는 상황을 만들기 때문에 신종 감염병이 나타난다는 설명이다.

다른 학자들도 인수 공통 감염병과 기후변화 모두 환경파괴로부터 비롯됐다고 설명한다. 2020년 7월 유엔환경계획(UNEP)과 국제축산연구소(ILRI)는 '다음에 닥칠 팬데믹 예방하기'란 보고서에서 "팬데믹을 초래하는 원인은 기후변화와 생물 다양성의 상실을 초래하는 원인과 흔히 동일하다."고 확언하기도 했다.

이제 기후변화를 넘어 기후위기 시대를 맞은 우리의 역할을 고민해야 할 시점이다. 기후위기 대응은 코로나19

사태와 같은 재난의 근본적 해결책인 동시에, 시민들의 건강을 지키고 도시의 지속가능성을 높이는 유일한 방법이다. 건강한 도시를 지키기 위해서는 모든 시민의 관심과 함께, 공공기관 차원의 역할이 반드시 필요하다.

무학숲도서관이 추구하는 지향점도 같은 맥락이다. 내년에는 퇴비를 만드는 과정에서 굼벵이가 자라는 모습을 지역주민과 함께 지켜볼 계획이다. 11월 초순 벼를 수확한 텃논에 뿌려진 보리씨앗이 벌써 파릇파릇한 새싹으로 변신하고 있다.

도서관의
12월

12월은 다른 달보다 유난히 바쁘게 느껴진다. 마지막 달이기에 한 해를 잘 마무리하기 위해 아직 처리하지 못한 업무를 처리하느라 그렇게 느껴지는지 모르겠다. 혹은 게으른 농부가 해 질 녘에 바쁜 척한다는 말처럼 유난을 떠는 것일지도 모르겠다. 하지만 분명한 것은 각종 행사와 모임이 많기 때문이다.

지역사회와 호흡을 함께하는 공공도서관도 마찬가지다. 필자가 근무하는 도서관에서도 12월 들어 한 해 동안 진행한 다양한 프로그램을 마무리하는 자리가 이어지고 있다.

연중 다문화가정을 지원해 온 자원봉사자들이 결혼이주여성 및 그 가족들과 함께 우리 문화를 체험하는 '사랑의 손잡기'를 비롯해, 매주 토요일 그간의 성과를 공유하는 행사가 공연 형식으로 열리고 있다. 영어 그림책을 읽으면서 스토리텔링을 공부했던 주민들이 무대에서 솜씨를 뽐내는가 하면, 자녀들과 함께 뮤지컬을 만드는 프로그램에 참여한 부모들이 무대에 서기도 한다.

요즘 공공도서관의 연말 공연 장르 중에서는 뮤지컬이 대세다. 뮤지컬은 오페라와 함께 대표적인 종합무대예술이지만, 오페라에 비해 대중화된 장르다. 이 때문에 기획자나 출연자나 관객이나 모두 관심이 많다.

최근 한 공연 예매사이트가 최근 7년간 장르별 월별 티켓 판매량을 분석한 결과, 뮤지컬 티켓은 12월에 가장 많이 팔린 것으로 조사됐다. 12월 판매 비중은 연간 판매량의 13%를 차지했다고 한다. 아무래도 크리스마스 이벤트와 송년모임 등 연말 분위기가 영향을 미친 것으로 보인다. 이처럼 뮤지컬의 12월 티켓 파워가 입증됐기에 도서관 입장에서도 지역주민들의 관심이 많은 장르를 선호하는 편이다.

공공도서관에서 공연되는 뮤지컬은 '맘마미아', '캣츠', '미스 사이공' 등과 같은 대형 뮤지컬이 아니다. 원작인 동화를 소재로 각색한 소규모 뮤지컬이다. 지역주민들이 전문가의 지도를 받아 함께 만든 작품이거나, 지역주민들이 가족 단위로 즐길 수 있도록 제작된 작품이다. 어떤 방식이든지 이웃과 더불어 즐기고, 교훈을 얻을 수 있도록 기획된다. 특히 지역주민들이 무대에 오르는 경우에는 할아버지와 할머니를 비롯한 온 가족은 물론, 이웃까지 관객으로 참여하면서 작은 동네잔치가 되기도 한다.

2019년 12월 첫 번째 토요일 용학도서관 시청각실에서는 교육극단 나무테랑의 지도로 뮤지컬 공연이 펼쳐졌다. 이날 주인공은 같은 해 4월부터 8개월간 공모사업인 '꿈다락 토요문화학교'에 참여해 난생 처음 뮤지컬에 도전한 지역주민 여덟 가족이었다. 민우네, 서연이네, 세은이네, 수민이네, 승헌이네, 우진이네, 이안이네, 효원이네가 그들이다. 7세 어린이부터 대부분 초등학생인 자녀들과 부모들로 구성됐다. 대부분 엄마가 참여했지만, 우진이네는 유일하게 아빠가 함께했다.

세계적인 아동문학가 쉘 실버스타인의 대표작 '아낌없이 주는 나무'를 각색한 이날 무대는 큰 감동을 줬다. 사과나무가 어린이, 청소년, 청년, 노인으로 성장하는 한 인간에게 베푸는 무조건적인 사랑을 순차적으로 표현한 스토리는 관객들의 가슴을 먹먹하게 만들었다. 대부분 관객들이 눈시울을 붉히기도 했다. 초보 배우들의 서툰 연기는 양념이었다.

출연진이 8개월간 얻은 성과도 상당했다고 입을 모았다. 자녀와의 소통에 문제가 있다고 느꼈던 부모들은 이

과정을 통해 해결책을 찾았다. 또한 아이들은 종합무대예술이 제공하는 다양한 문화영역을 체험하는 기회를 가졌으며, 자신을 표현하는 발표력도 늘었다. 특히 친구와 함께할 때 얻는 협력의 가치를 몸으로 익혔으며, 이웃을 배려하는 마음도 커졌다는 것이 부모들의 평가였다.

지나친 이기심 때문에 친구도 이웃도 없다는 오늘날, 공공도서관이 지역사회에 존재해야 하는 이유를 이 대목에서 찾을 수 있다. 주민들이 이웃과 더불어 사는 지역공동체의 가치를 확인하고, 활성화해야 할 필요성을 스스로 느낄 수 있었기 때문이다.

뮤지컬 무대가 막을 내린 뒤 초보 배우들은 도서관 로비에서 진행 중이던 크리스마스 북트리 만들기에도 동참했다. 이날 지역주민들이 기증한 책으로 크리스마스 트리를 만드는 북트리 만들기 행사는 꼬마전구에 불을 밝히는 것으로 마무리됐지만, 지역주민들이 각자의 바람을 소원지에 써서 북트리에 매다는 이벤트는 연말까지 계속됐다.

도서관과
미디어 리터러시 교육

'전 국민 누구나 일상생활에 어려움이 없도록 휴대폰 사용방법부터 취업 연계교육까지 생활 속 디지털 교육을 무료로 받아보세요.'

과학기술정보통신부와 한국지능정보사회진흥원이 2020년 9월부터 국민들의 디지털 리터러시(Digital Literacy) 교육을 위해 설치한 '디지털 배움터'를 홍보하는 문구다. 리터러시는 당초 문자화된 기록물을 통해 지식과 정보를 획득하고 이해할 수 있는 능력, 즉 문해력을 뜻했다.

하지만 오늘날에는 나날이 발전하는 디지털 기술의 영향으로 변화하는 사회에 적응 및 대처하는 능력으로 그 개념이 확대되고 있다. 아직까지 우리말로 정리된 용어는 없으나, 일부에서는 '역량'으로 쓰고 있다.

디지털 배움터가 설치된 이유는 4차 산업혁명 시대로 진입하기 위한 필요조건인 디지털 대전환(Digital Transformation)이 가속화됨에 따라 발생하는 디지털 격차가 일상생활 속 불편을 감수하는 차원을 넘어 사회적, 경제적 기회 차별과 불평등을 심화시키는 요인이 됐기 때문이다. 이젠 더 나아가 개인의 디지털 역량이 생존의 조건이 되는 세상이 되었다. 코로나19 사태의 영향으로 인류의 일상이 비대면 온라인 환경에서 이뤄지면서 어쩔 수 없이 나타난 현상이다.

디지털 배움터는 전국의 행정복지센터, 평생학습관, 도서관 등 생활SOC 1,000여 곳에 설치돼 있다. 대구에는 20곳이 있다. 이는 서울 224곳을 제외하더라도 6대 광역시 중에서는 가장 적은 수치다. 부산에는 대구의 10배가 넘는 241곳이나 설치됐다. 이어 인천 51, 대전 33, 광주 32, 대전 33, 울산 27, 대구 순이다.

디지털 대전환이 가속화되는 시대를 맞아 리터러시 교육이 절실한 또 다른 영역이 바로 미디어 영역이다. 디지털 기술의 발달로 새로운 미디어가 끊임없이 등장하면서 정보격차가 심화되고 있다. 정보격차는 미디어 활용능력, 즉 미디어 리터러시에서 기인하고 있다고 분석된다.

또한 별다른 가치가 없어 보이는 미디어 정보도 어떻게 활용하는가에 따라 자본을 창출해 내는 데이터가 되는 빅데이터 시대에는 무엇보다 이를 활용하는 사람의 역량이 중요하다.

특히 미디어 리터러시 교육에서 역기능을 방지하는 대목이 중요하다. 디지털 미디어와 소셜미디어 등 뉴미디어의 발달에 따라 뉴스를 비롯한 미디어 정보가 대량 생산되는 가운데 가짜 뉴스, 광고성 뉴스, 낚시성 뉴스, 인플루언서의 가짜 후기, 악성댓글 등이 난무하기 때문이다.

이와 함께 취향저격형 알고리즘의 작동으로 보고 싶은 것만 보는 필터 버블Filter Bubble 현상이 심화되면서 시각의 양극화를 뜻하는 확증편향이 강화되는 현실도 교육이 시급한 이유다.

궁극적으로 미디어 리터러시 교육은 디지털 미디어 환경에 무방비로 노출되어 있는 시민들을 위해 체계적인 프로그램을 발굴하고 진행함으로써 가짜 뉴스 등 역기능적인 미디어의 영향을 줄일 수 있는 비판적 사고능력을 배양한다. 또한 디지털 미디어의 부상에 따라 요구되는 다양한 소통능력을 습득하게 함으로써 창의적 미디어 활용능력 제고와 1인 미디어 생산자 육성에 일조한다. 디지털 대전환 시대의 사회적, 경제적, 환경적 변화에 능동적으로 대응할 수 있는 성숙한 민주시민으로서의 소양과 역할 증대에 이바지하는 장치가 되는 것이다.

전 생애에 걸쳐 지속적으로 진행돼야 할 미디어 리터러시 교육 현황을 살펴보면 초·중등학교와 대학교에서는 해당 연령대에 맞는 교육이 어느 정도 진행되고 있으나, 은퇴세대를 포함한 성인을 위한 교육은 한국언론진흥재단과 시청자미디어센터 등에서 제한적으로 이뤄지고 있다. 이 때문에 어르신 세대를 포함한 성인을 대상으로 한 교육이 취약한 실정이다.

대안으로 정보 리터러시(Information Literacy) 교육이 진행되는 공공도서관을 성인 미디어 리터러시 교육공간으로 활용할 것을 제안한다. 공공도서관은 시민역량 강화를 위해 전국적으로 1,100곳 이상 설치된 평생교육기관으로, 시민들이 쉽게 접근할 수 있는 지역사회의 플랫폼 역할을 수행하고 있기 때문이다. 또한 지방자치단체가 공공도서관을 계속 늘리는 추세이기 때문에 교육을 위해 별도의 공간을 확보하는 수고로움과 예산을 절약할 수 있다.

평생학습과
공공도서관

현대인은 불확실성의 시대를 살고 있다. 미국의 경제학자인 J. K. 갈브레이스가 저술한 '불확실성의 시대'를 거론하지 않더라도, 정보통신기술(ICT)의 발전 속도가 빠른 지능정보사회를 사는 우리는 미래에 대한 불안을 본능적으로 느끼고 있다. 특히 코로나 팬데믹 상황을 2년째 겪고 있는 데다, 코로나19 사태로 가속화된 디지털 대전환 때문에 펼쳐질 미래의 불확실성은 더욱 높다.

요즘처럼 경험의 가치가 떨어지는 시대가 없다고 한다. 불과 얼마 전만 하더라도 과거의 경험에 의존하면서 삶을 영위했다. 경험은 이미 검증됐기 때문에 실패할 확률을 줄일 수 있는 좋은 방책이었다. 특히 반복된 업무를 처리하는 영역에서는 경험에 의존하는 것이 위험을 피할 수 있는 최선책이었다. 하지만 요즘은 상황이 달라졌다. 젊은 세대 앞에서 과거의 사례를 내세우면 '라떼'란 비아냥을 들으면서 '꼰대' 취급을 당하기 십상이다.

이 때문에 새로운 정보와 지식을 보충하지 않고서는 생존할 수 없는 것이 현실이다. 유사 이래 고등교육을 가장 많은 세대라는 우리나라 베이비부머(1955~1963년생)를 살펴보면 대학에서 공부한 밑천으로 은퇴할 때까지 버틸 수 있었다. 하지만 아날로그 세대인 그들이 은퇴 이후 급변하는 디지털 세상에서 살아남기 위해서는 죽을 때까지 공부하지 않으면 곤란한 처지가 됐다. 평생학습(Lifelong Learning)이 절실한 대목이다.

서울대 교육학연구소에서 펴낸 교육학용어사전에 따르면 평생학습은 '태어나서부터 생명을 마칠 때까지 끊임없이 배우는 과정과 활동'을 뜻한다. 평생학습과 비슷한 용어로 평생교육(Lifelong Education)이 있다. 평생교육은 교육이 학교교육으로 끝나는 것도 아니고, 학교교육이 교육의 핵심도 표준도 아니라는 인식에 기초를 두고 있다. 그런데 학교 중심의 현대교육은 교육의 주체가 교사, 학교, 국가 또는 사회 등 교육자란 인식이 지배적이었다. 학습자인 시민은 교육의 대상으로만 인식됐다.

평생학습론은 교육자 본위의 기존 교육학을 비판하고, 학습자 본위의 새로운 교육학을 추구하는 대안적 이론이다. 개개인이 주체적 학습자로서 평생에 걸친 학습생활을 주체적으로 관리하도록 지원하는 제도가 바람직한 교육제도라고 주장하는 관점이다. 가르치고 배우는 교육활동에 있어서 학습자를 능동적이고 적극적인 존재로 인식하고, 학습자의 입장에서 평생에 걸친 교육을 다루려는 시각이어서 시민주권시대에 바람직하다는 평가를 받고 있다.

지역사회와 함께하는 공공도서관도 평생학습공간으로 운영되고 있다. 지식과 정보가 소통되고 공유되는 공간인 공공도서관을 이용하는 지역주민은 어린이집에도 다니지 않는 유아에서부터 90대 어르신에 이르기까지 모든 연령대에 분포돼 있다. 학교를 다니는 어린이, 청소년, 청년이 제외되는 것도 아니다. 명실공히 지역주민 모두가 자기 주도적으로 평생학습을 하는 공간이다. 특히 불확실성의 시대에 대비하기 위해 자신이 필요로 하는 지식과 정보를 찾고 나누는 곳이다.

이 같은 역할에 부합하기 위해 공공도서관은 많은 고민을 하고 있다. 일차적으로 시민들이 도서관에 대해 갖고 있는 부정적인 고정관념을 바꾸려고 애쓴다. 도서관에서는 언제나 정숙해야 한다는 무미건조한 이미지를 바꾸기 위해 커피를 마실 수 있는 북카페를 마련하고, 잔잔한 음악을 틀고, 강의공간과 독서공간 등 공간의 특성에 맞게

끔 적절한 소음도 허용하고 있다. 이와 함께 빅데이터 분석을 통해 잠재적 이용자를 포함한 지역주민을 위한 맞춤형 자료 구입과 평생학습프로그램 기획을 하고 있다. 특히 비대면 시대에 걸맞는 영상콘텐츠 제작 및 제공도 요즘의 공공도서관이 진행하는 일이다.

'변화하지 않으면 살아남지 못한다', '변해야 산다'는 구호가 절실하게 느껴지는 요즘이다. 문제는 불확실성이 요구하는 변화에 대한 태도다. 변화의 흐름을 감지하고 대비하는 사람은 불확실성의 시대를 이끄는 선도자가 될 것이지만, 변화를 거부하거나 저항하면 낙오자가 될 수밖에 없는 것이 냉정한 현실이다.

도서관의 변신은
무죄

#1. 초등학교(당시 국민학교) 5학년 때 동시작가로 활동하면서 학교도서관도 담당하셨던 담임 김병규 선생님이 필자에게 청소 대신 도서관 당번을 지시하셨다. 매일 수업을 마치면 교무실 옆에 자리한 음악실 겸 학교도서관으로 달려가 선후배 학생들에게 책을 빌려주고 되돌려 받는 역할을 1년 가까이 했다. 책 읽기를 좋아했던 필자는 도서관 서가를 가득 채운 책 중에서 읽고 싶은 책을 맘껏 골라 틈나는 대로 읽고, 집에 갈 때 두어 권씩 가방에 넣어가서 밤늦도록 읽었다.

#2. 필자가 중학교와 고등학교를 다닐 때 중간고사나 기말고사 기간마다 중구 공평동 옛 대구지방법원 자리에

들어선 대구시립중앙도서관 앞에서 길게 줄을 섰다. 제한된 일반열람실 좌석표를 구하기 위해서였다. 당시에는 도서관에 소장된 책을 읽을 엄두도 내지 못했다. 시험공부를 위한 독서실 좌석을 어렵사리 차지하면 교과서와 참고서에만 매달렸다. 가끔 틈이 나면 머리를 식힐 겸 정기간행물실을 찾아 잡지를 뒤적이곤 했다.

필자의 뇌리에 남아있는 어린 시절 도서관에 대한 기억들이다. 책대여점 또는 독서실 기능에 충실했던 그 시절의 도서관 모습이다. 그 시절의 도서관은 지금의 도서관과 많이 다르다.

필자는 문헌정보학을 전공하고, 그 덕분에 공공도서관에서 일하고 있기에 달라진 도서관의 모습을 자연스럽게 받아들이지만, 대부분의 필자 또래는 그렇지 않다. 친구들의 기억 속에서 도서관은 여전히 독서실과 책대여점으로 남아 있는 것이다. 물론 요즘 공공도서관을 자주 이용하는 시민들은 분명히 다를 것이다.

요즘 도서관, 특히 지역주민들에게 봉사하는 공공도서관은 멀티플레이어 역할을 수행하고 있다. 이른바 복합문화공간인 것이다. 일반열람실과 자료실에서 수행되는 전통적인 도서관 기능에다 독서문화프로그램이란 이름으로 행해지는 평생교육 기능, 거기다 문화복지 또는 지식복지로 불리는 복지 기능까지 다양하다.

　게다가 '메이커 스페이스maker space'로 대변되는 창의 공간 기능까지 요구받고 있다. 불과 얼마 전까지 '독서를 하면 좋다'면서 입력(input)만 강조하던 도서관이 '독서를 통해 무엇을 얻을 것인가'란 질문을 던지면서 출력(output)까지 챙겨야 하는 상황이 된 것이다.

　출력의 환류(feedback)를 통해 입력을 수정하는 과정을 수행해야 하는 것은 물론이다. 조금 더 나아가 공공도서관이 지역사회 정보 및 지식 소통의 구심점인 동시에, 다양한 사회적 기능을 탑재할 수 있는 플랫폼 역할을 수행함으로써 시민들의 삶의 질을 개선하는 데 일익을 담당할 것으로 믿는다.

지역사회의 플랫폼,
도서관

몇 해 전부터 '플랫폼platform'이란 용어가 많이 사용되고 있다. 정보통신기술(ICT)이 급속히 발전하면서 구글, 애플, 페이스북, 아마존 등 인터넷 혁명을 주도하는 4인방이 자신들만의 강점을 가진 플랫폼을 통해 각자의 영역에서 절대 강자로 부상하면서 비즈니스업계를 비롯한 산업 전반에서 플랫폼에 대한 관심이 집중되고 있다. 이에 따라 국내에서도 해당업계의 플랫폼이 되겠다는 조직이 늘고 있으며, 이에 대한 서적 출간과 연구도 활발하다.

플랫폼이라면 기차를 타고 내리는 정거장이 먼저 떠오른다. 원래 기차를 타고 내리는 공간이거나, 강사나 지휘자 등이 사용하는 무대 또는 강단을 뜻했다. 이제 그 의미가 확대돼 특정장치나 시스템 등에서 이를 구성하는 기초가 되는 틀 또는 골격을 지칭하는 용어로 다양한 분야에서 사용되고 있다. 플랫폼은 참여자들의 연결과 상호작용을 통해 진화하며, 모두에게 새로운 가치와 혜택을 제공해 줄 수 있는 상생의 생태계로 평가받고 있다.

도서관, 특히 공공도서관은 지역사회에 정보와 지식, 문화가 담긴 콘텐츠를 공유하는 복합문화공간인 만큼 일종의 플랫폼이다. 도서관에서 다루는 콘텐츠를 매체별로 살펴보면 아날로그 시대에 책으로 시작돼 디지털 시대에 들면서 CD, DVD, 인터넷, SNS 등 뉴미디어로 확산되고 있다. 또한 콘텐츠를 공유하는 방식은 독서, 강연, 체험, 탐방 등으로 각양각색이다. 서비스 대상별로도 유아, 어린이, 청소년, 주부, 직장인, 어르신, 장애인, 다문화가정 등으로 다양하다.

이에 따라 도서관 플랫폼의 역할과 효과는 눈길을 끌 만하다. 먼저, 지렛대 역할을 통해 단기간에 가성비 높은 성과를 제공한다. 이미 자리매김한 플랫폼 위에서 매체별로, 방식별로, 대상별로, 주제별로 조금씩 변화를 주기만 하면 기대 이상의 성과를 거둘 수 있다. 또한 네트워크 효과를 제공한다. 온라인 및 오프라인 네트워크를 통해 콘텐츠를 공유함으로써 도서관 이용자가 많으면 많을수록 파급효과가 발생해 성과가 극대화된다.

오늘날 도서관은 플랫폼 역할에서 한 걸음 더 나아갈

것을 요구받고 있다. 이 대목에서 참고할 만한 관점을 소개한다. 일본 츠타야서점 창업자로 유명한 마스다 무네아키는 저서 '지식자본론'에서 출판시장을 3단계로 구분한다.

1단계는 수요에 비해 공급이 부족한 단계로, 제품이 기능만 할 수 있으면 만드는 대로 팔렸다. 2단계는 생산력이 향상되면서 제품이 넘쳐나게 되자, 소비자와 더 잘 만나게 하는 플랫폼이 중요하게 됐다. 그런데 현재는 플랫폼마저 넘쳐나는 3단계에 이르렀다는 것이다. 저자는 이 단계에서 필요한 것이 소비자들에게 맞춤형 제품을 제안하는 기획력 있는 지적자본이라고 강조한다.

앞으로 도서관은 갖춰진 플랫폼을 지렛대 삼아 참신하고 창의적인 기획을 해야 시대의 요구에 부응하는 경쟁력을 갖출 수 있을 것이다.

인문학과
인문학자의 가치

　인공지능(AI)으로 대변되는 4차 산업혁명 시대를 살고 있는 우리는 식당에서도 로봇을 만나고 있다. 주문한 음식을 종업원이 가져다주는 것이 아니라, 로봇이 고객의 테이블로 배달하는 것이다. 올 초 로봇이 음식을 배달한다는 말을 듣고 그 식당을 찾았던 필자도 처음에는 구경거리로 생각했지만, 이젠 크게 불편하지 않은 일상이 되고 있다.

　이러한 현실 때문에 인간의 사상과 문화를 연구 대상으로 하는 학문영역인 인문학이 4차 산업혁명 시대에 더욱 필요하다는 목소리가 높아지고 있다. 공학자들만으로는 로봇과 인간이 공존하는 세상을 온전히 그려낼 수 없다는 생각 때문이다. 인문학이 제대로 된 인간과 인간의 관계를 정립하는 것처럼, 인공지능이 작동되는 영역이 커지면 커질수록 기계와 인간의 사이를 정하는 규범이 절실해지는 것이다. 그러면 로봇 심리학자, 로봇 사회학자, 로봇 언어학자, 로봇 윤리학자, 로봇 철학자 등 인문학을 로봇에 적용한 직업이 생겨날 것으로 전망된다.

교육학용어사전에 따르면 인문학은 자연을 다루는 자연과학에 대립되는 영역이다. 자연과학이 객관적으로 존재하는 자연현상을 다루는 반면, 인문학은 인간의 가치 탐구와 표현활동을 대상으로 한다. 좁은 의미에서는 흔히 '문文·사史·철哲'이라고 이야기하는 문학, 역사, 철학이 인문학이다. 하지만 넓은 의미에서는 광범위한 학문영역이 포함된다. 미국 국회법은 언어, 언어학, 문학, 역사, 법률, 철학, 고고학, 예술사, 비평, 예술의 이론과 실천뿐만 아니라, 인간을 내용으로 하는 학문을 포괄적으로 인문학에 포함시키고 있다. 하지만 그 기준을 설정하기가 어렵기 때문에 학자들 사이에서도 의견의 일치가 이뤄지지 않고 있다.

인문학이란 용어는 고대 로마의 정치가이자 철학자인 키케로가 교육 프로그램을 작성할 때 원칙으로 삼은 라틴어 '휴마니타스humanitas'에서 발생됐다고 한다. 그 후에 고대 로마의 저술가인 겔리우스가 이 용어를 일반 교양교육의 의미와 동일시해 사용했다. 인문학을 중시하는 경향은 그리스와 로마를 거쳐 근세에 이르는 동안 고전적 교육의 핵심이 됐으며, 특히 18세기 프랑스와 19세기 영국 및 미국 교양교육의 기본이념이었다.

이처럼 아날로그 시대에 인간이 인간답게 살도록 하는 학문 영역으로 작동하던 인문학은 코로나19 사태로 가속화된 디지털 대전환 시대에 그 효능이 더욱 부각되고 있다. 4차 산업혁명 시대를 향해 폭주하는 디지털 대전환이 진행되면 될수록 역설적이게도 우리는 아날로그 영역의 기본인 인문학에 더욱 집중해야 하는 것이다. 인공지능의 노예가 되지 않기 위해서라도 인간만이 수행할 수 있는 영역인 상상, 창의, 융합, 감성, 윤리 등을 더욱 육성해야 하기 때문이다. 일반시민들을 위한 인문학이 확산될 공간으로는 자격과 비용 등에서 제약조건이 없는 공공도서관이 제격이라고 판단된다.

인문학의 홍수란 말이 나올 정도로 인문학을 상품화하는 경향도 적지 않은 것이 현실이다. 인문학의 시장성이 있다고 강사와 자격증을 양산하는 곳이 있는가 하면, 공공도서관에 강사 자리를 요청하는 경우도 있다. 자신은 경력과 강의 내용에서 다른 강사와 다르기 때문에 고액의 강사료를 받아야 한다고 주장하는 경우조차 있다. 인문학자로서의 본질을 의심케 하는 대목이다.

그래서 남다른 인문학자들의 행보가 돋보인다. 필자가 근무하는 도서관에서 매주 수요일 저녁 '통청아카데미'를 운영하는 이태호 원장은 철학자다. 이 원장은 2019년부터 아무런 금전적 대가 없이 공공도서관을 찾는 평범한 시민들에게 인문학을 확산시키고 있다. 자신이 노자 철학과 화이트헤드 철학을 강연할 뿐만 아니라, 기꺼이 자신의 재능을 이웃과 나누려는 많은 인문학자들로 강사진을 구성했다. 사회적 거리두기와 코로나19의 감염 위험 때문에 도서관 이용자가 2019년보다 전반적으로 줄어들기는 했지만, 다른 강연과 비교할 때 참석자가 많은 편이다.

역사학을 전공한 전직 교사인 임영창 선생은 자신이 평생토록 공부한 콘텐츠를 수년째 대가 없이 이웃 주민들에게 나누고 있다. 올해 들어서는 '보통사람이 읽는 원문' 시리즈를 진행하고 있다. 대학과 중용 등 동양고전을 중심으로 한 원문 읽기를 주민들과 함께했으며, 2021년 7월부터 '보통사람의 원문 주역 간편 읽기'를 진행하고 있다. 또한 방언학을 전공한 전직 국어교사인 신승원 선생도 올해부터 '새콤달콤한 우리 방언'이란 강좌를 재능나눔으로 진행하고 있다.

필자가 2019년 초 재능나눔으로 통청아카데미를 진행하기에 앞서 이태호 원장에게 차를 대접하면서 고맙고 미안한 마음을 전하자, "강사료를 따져보고 강연한다면 인문학자라고 말할 수 있겠습니까?"란 이 원장의 반문에서 진정한 인문학과 인문학자의 가치를 엿볼 수 있었다.

2부

코로나 시대의 도서관

도서관은
살아 있다

코로나19 사태가 전 세계적으로 확산되면서 장기화 국면에 돌입했지만, 다행히 우리나라는 안정될 기미를 보이고 있다. 이에 따라 방역당국이 사회적 거리두기의 수위를 다소 완화했지만, 긴장을 늦추지는 못할 상황이다. 시민들이 사회적 거리두기에 둔감해지는 순간 지역사회 감염이 급격히 확산될 것이 불을 보듯 뻔하기 때문이다.

남녀노소 가릴 것 없이 시민들이 즐겨 찾던 공공도서관도 예외가 아니다. 긴장감을 유지한 채 시민들에게 제공할 서비스의 내용과 방식을 고심할 수밖에 없다.

정부는 2020년 4월 팬데믹(세계적 대유행)으로 선포된 코로나19의 확산을 막기 위해 다소 완화된 수위로 사회적 거리두기 실천기간을 어린이날까지 연장한다고 발표했다. 이전 한 달간의 고강도 사회적 거리두기 결과, 국민의 피로가 누적되고 경제활동이 위축됐다고 판단해 '운영중단'이 권고됐던 종교시설과 유흥시설, 실내 체육시설, 학원에 대해 '운영자제'로 제한을 완화했다.

하지만 문을 닫은 지 두 달을 넘긴 지역 공공도서관은 불특정 다수, 특히 감염병에 취약한 어르신 연령대가 많이 이용하는 특성 때문에 언제쯤 문을 열 수 있을지 불투명했다.

임시휴관 중인 공공도서관이 외부에 비쳐지는 모습을 생각해 보면 호수에 떠있는 오리를 연상하게 된다. 사람들이 보기에 오리는 한없이 평화롭고 여유로워 보이지만, 물속에 있는 두 다리를 잠시도 쉴 틈 없이 움직여야 한다.

코로나19 사태의 광풍 속에 놓인 공공도서관도 마찬가지였다. 평상시 도서관을 즐겨 찾던 시민들은 물론, 사회적 거리두기의 피로가 누적되는 바람에 심리적 안정이 흐트러진 시민들에게 최소한의 도서관 역할이라도 수행해야 했기 때문이다.

코로나19 사태가 장기화 조짐을 보이자, 지역 도서관계에서는 일차적으로 사회적 거리두기를 실천하면서 온라인으로 전자책(e-book)을 읽을 수 있는 전자도서관 활용을 적극 권장했다. 이어 비대면으로 책을 접할 수 있는 스마트도서관과 함께, 대면을 최소화한 '북 워크 스루Book

Walk Thru' 또는 '테이크 아웃Take Out' 대출서비스를 제공했다. 온라인으로 예약한 뒤 도서관 입구에서 방호복을 착용한 직원에게 책을 건네받는 방식이었다.

이에 앞서 지역 공공도서관들은 2020년 2월 중순 임시휴관에 들어가자, 문을 닫은 상태에서 처리해야 할 일에 나섰다. 물론 이 일들은 시민들에게 양질의 서비스를 제공하기 위한 준비과정이었다. 도서관계 전문용어로는 이용자와 대면하는 직접봉사에 상대되는 간접봉사라고 한다.

필자가 근무하는 도서관에서도 본관에 소장된 150,000여 권은 물론, 분관인 파동도서관과 무학숲도서관 자료의 상태를 일일이 확인하는 장서점검을 진행했다. 장서점검은 2년마다 실시해야 하는 도서관의 주요업무이기도 하다.

현재 시민들은 사회적 거리두기 실천하기 등 삶의 방식에 영향을 받고 있다. 또한 코로나19가 종식된 뒤에도 삶의 방식이 적지 않게 바뀔 수밖에 없다. 이에 따라 인류가 생산한 지식정보를 축적하고 공유하고 확산해 온 도서관도 빠른 속도로 변화하는 세상에 발맞춰 이용자들에게 제공하는 콘텐츠의 내용과 방식의 진화를 고민하고 있다.

책과 함께하는
슬기로운 거리두기

코로나19 사태로 사회적 거리두기가 장기화되면서 '코로나 블루(코로나 우울증)'란 신조어가 등장할 만큼, 시민들의 정신적 및 심리적 피로도가 높아졌다. 그런 가운데, 독서가 해법으로 제시되고 있다. 팬데믹(세계적 대유행)으로 선포된 코로나19의 확산을 방지하기 위해 15일 단위로 진행되는 고강도 사회적 거리두기 캠페인은 연장된 상태다.

사회적 거리두기의 기본원칙은 외출을 자제하고 집 안에 머무르는 것이다. 방역당국이 제시한 국민행동지침은 먼저 불필요한 외출, 모임, 외식, 행사, 여행 등은 모두 연기 또는 취소하기를 요구하고 있다. 생필품 구매, 의료기관 방문, 출퇴근을 제외한 외출 자체를 자제하자는 것이다. 이와 함께 다른 사람과의 악수 등 신체접촉을 피하고,

2m 건강거리 지키기도 제시하고 있다. 건강 상태가 나쁜 경우는 말할 것도 없다. 발열 또는 기침 등 호흡기 증상이 있으면 출근하지 않고 집에 머물기를 요구한다.

시민들이 사회적 거리두기의 필요성을 충분히 이해하지만, 피로감을 느끼지 않을 수 없는 것도 사실이다. 초등학교와 중등학교의 개학이 연기되면서 학부모들의 고민은 이만저만이 아니었다. 단계별로 온라인 개학을 하지만, 자녀들이 컴퓨터와 스마트폰에 매달리는 바람에 잔소리가 늘 수밖에 없는 현실이다. 근본적으로는 고강도 사회적 거리두기가 언제 끝날지 예측할 수 없는 상황이 시민들을 지치게 하고 있다.

이런 상황에서는 발상의 전환이 필요하다. 사회적 거리두기를 오히려 즐길 수 있는 해법을 찾아야 하는 것이다. 해답은 독서, 즉 책 읽기다. 통상 독서의 계절로 가을을 손꼽지만, 친구도 마음대로 만날 수 없고 집에만 머물러야 하는 지금이 혼자서 독서를 즐길 수 있는 적기다.

그동안 읽고 싶은 책이 있었지만, 일상에 쫓기느라 책을 펴지 못했던 시민들에게 이처럼 좋은 기회는 없다. 독서를 통해 마음의 양식을 쌓고 사색도 즐기다 보면 코로나19 확산을 방지하는 것은 물론, 코로나 블루도 예방하는 심리적 백신효과를 거두는 셈이다.

코로나19 사태가 심각한 시기에 지역 공공도서관들이

시민들과 접촉을 최소화하기 위해 시작한 도서대출서비스는 코로나19 선별검진소로 유명해진 '드라이브 스루'의 도서관 버전이다. 자동차를 탄 채 책을 빌릴 수 있는 공간이 있는 도서관은 드라이브 스루 방식으로, 여의치 않은 곳은 걸어와서 책을 빌린다고 '북 워크 스루' 란 이름으로 운영되었다.

이용자의 안전을 위해 방호복 등 방역장비를 갖춘 사서가 도서관 입구에서 인터넷 홈페이지를 통해 미리 예약된 책을 대출해 주는 방식이었다. 대출되는 책은 미리 자외선 책소독기를 이용해 살균작업이 이뤄졌다. 책 반납은 도서관 입구에 설치된 무인반납기를 이용하게 했다.

이와 함께 비대면 도서대출서비스도 이용할 수 있다. 개인용 컴퓨터나 스마트폰으로 전자책을 이용하는 전자도서관이 대표적이다. 공공도서관들은 전자책 서비스를 제공하고 있다. 특히 도서관을 방문하기 어려운 장애인을 위해 우체국 택배로 책을 배송하는 '책나래' 서비스도 마련돼 있다.

책나래 홈페이지에서 읽고 싶은 책을 신청하면 집으로 책이 배달되며, 택배 비용 부담은 없다. 또한 지하철역사 등지에서 볼 수 있는 무인대출장치인 스마트도서관도 시민들의 방문을 기다리고 있다.

공공도서관의
'생활 속 거리두기'

　코로나19 확산을 방지하기 위해 문을 닫은 지 80일을 갓 넘긴 때에 대구지역 공공도서관마다 재개관 일정을 묻는 전화가 적지 않게 걸려왔었다. 특히 방역당국이 2020년 5월 코로나19 대응수준을 '생활 속 거리두기'로 표현되는 생활방역체계로 전환한 뒤 언제 도서관 문을 여는지 더욱 궁금해졌기 때문이었다.

　국가에서 운영하는 국립중앙도서관과 국립어린이청소년도서관, 국립세종도서관이 대출서비스로 제한해 문을 열었기 때문에 지방자치단체에서 운영하는 공공도서관의 재개관 시점이 언제인지 궁금해할 법도 했다.

　당시 시민들의 문의전화를 통해 살펴본 공공도서관 재개관과 관련된 주요 궁금증은 '언제 재개관을 하느냐',

'지금 도서관을 운영하느냐', '지금 프로그램을 운영하느냐' 등이었다.

도서관 입장에서 문답 형식으로 정리해 보면, 첫 번째 질문에는 '재개관 시점은 아직 정해지지 않았다'가 답변이었다. 코로나19 사태의 추이에 따라 유동적일 수밖에 없었기 때문이다. 생활 속 거리두기 전환 3일 만에 터진 서울 이태원 클럽발發 집단감염처럼 어느 누구도 예측할 수 없는 것이 현실이었다.

게다가 공공도서관 이용자는 생활 속 거리두기 방역 수칙에서도 가급적 공공시설 이용을 자제해 달라는 고위험군에 속하는 은퇴세대가 상당한 부분을 차지하고 있다는 점에 주목해야 했다.

특히 5월 13일 고 3부터 시작되는 초·중·고의 등교개학을 계기로 우려되는 무증상 확진자 중심의 '조용한 확산'을 경계해야 했다. 이 때문에 코로나19 감염이 치명적인 결과에 이를 가능성이 높은 은퇴세대를 보호하기 위해 공공도서관의 재개관 시점은 순차적으로 진행되는 등교개학 이후의 감염 확산 추이를 살펴보면서 신중하게 결정돼야 했다.

방역당국에 따르면 코로나19 사망자의 대부분이 65세 이상이었다. 또한 치명률은 고령일수록 가파르게 상승했다.

두 번째 질문의 답은 '도서관은 운영 중'이었다. 단지 시민들이 도서관에 들어올 수 없을 뿐이었다. 당시 운영 중인 서비스는 '북 워크 스루Book Walk Thru'로 불리는 비대면 대출서비스가 대표적이었다. 이 방식을 도서관 용어로 표현하면 '폐가제閉架制' 대출방식이다. 40대 이상이면 학창시절 대부분 경험해 본 적이 있을 것이다.

도서관 목록함에서 자신이 원하는 책을 찾은 뒤 대출신청서에 서명, 저자명, 청구기호 등을 적어 대출창구에 제출하고 기다렸다가 책을 빌리는 방식이다. 아날로그 방식이던 그때와 북 워크 스루 대출방식이 다른 점은 도서관 인터넷 홈페이지에서 책을 검색하고 신청하는 온라인 방식으로 바뀌었을 뿐이다.

코로나19 사태로 도서관 문을 닫기 전까지 시민들이 이용하던 대출방식은 폐가제의 반대인 '개가제開架制'다. 이용자 누구에게나 개방된 자료실의 서가에서 편리하게 책을 고를 수 있는 방식이기에 거의 모든 공공도서관에서 채택하고 있다.

도서관 직원 입장에서도 개가제보다는 폐가제 방식이 훨씬 불편하다. 온라인으로 신청된 책이 제대로 표기됐는지, 대출되지 않았는지, 서가에 제대로 꽂혀 있는지 일일이 확인한 다음에 이용자들이 한꺼번에 몰리지 않도록 대출할 날짜와 시간을 조정하는 과정을 거쳐 신청자에게 개

별적으로 연락했기 때문이다. 노동 강도로 따지자면 개가 제보다 2~3배의 힘이 드는 셈이다.

세 번째 질문에는 '가능한 범위 내에서 온라인으로 운영한다'가 답변이었다. 온라인을 뜻하는 신조어 '랜선'을 활용하자면 '랜선 강의'와 '랜선 전시'가 진행되는 것이었다. 랜선 강의로는 매주 양서良書 한 권씩을 영상으로 소개하여 유튜브, 인스타그램, 페이스북 등 SNS에 올렸다.

이를 위해서는 한 주 전에 영상 촬영과 편집과정을 거쳐야 했다. 또 랜선 전시로는 '향토자료 온라인 사진전' 등이 열렸다. 2018년부터 지역주민들을 대상으로 수집한 지역의 옛 모습이 담긴 향토자료를 한 주에 두 차례씩 모두 10회 분량으로 SNS에 업로드하기도 했다.

비대면 문화 속
오디오북

코로나19 사태로 비대면 문화가 확산되면서 오디오북 audio book이 관심을 끌고 있다. '소리책'이라고도 하는 오디오북은 성우나 저자가 녹음 작업을 거쳐 음성으로 담은 내용을 '귀로 듣는 책'이다. 책을 눈으로 읽는 대신, 귀로 들을 수 있게 제작한 디지털 콘텐츠를 말한다.

오디오북은 2000년대 이후 전 세계적으로 꾸준히 발전해 왔다. 활자로 된 책보다 상대적으로 저렴하고, 접근성이 좋으며, 휴대가 간편하기 때문이다.

이전에도 테이프나 콤팩트디스크(CD)를 통해 유명한 성우의 음성으로 시詩를 녹음해 듣는 경우는 있었으나, 대중적인 기반은 확보하지 못했다. 그러나 디지털 기술의 급속한 발달로 스마트폰이 등장한 것이 오디오북 성장의 계기가 됐다.

스마트폰만 가지고 있으면 언제 어디서나 오디오북을 들을 수 있게 됐기 때문이다. 게다가 코로나19로 인한 사회적 거리두기가 장기화되면서 비대면 문화가 확산된 것도 한 가지 원인으로 작용하고 있다.

관련업계에서 오디오북의 활용도를 분석해 보니 운전할 때, 집안일을 할 때, 운동할 때 순으로 나타났다. 책을 읽기 위해 별도의 시간을 내지 않고도 출퇴근을 하거나, 설거지나 청소를 하거나, 달리기를 하면서 책을 듣는다는 것이다. 젊은 세대의 취향을 저격할 만하다. 코로나 팬데믹 시대가 장기화되면서 '코로나 블루'와 '코로나 레드'란 신조어가 나올 정도로 피로감을 느끼는 요즘 가장 각광받는 분야는 '심리'와 '명상'이라고 한다.

오디오북 시장을 주도하는 업체는 1995년 설립된 세계 최대의 온라인 쇼핑몰 아마존닷컴이다. 아마존닷컴은 2000년 전자책 시장에 진출한 데 이어, 2008년 오디오북 파일을 제공하는 웹사이트인 '오디블Audible'을 인수한 뒤 오디오북 시장의 최강자로 떠올랐다. 미국에서는 오디오북이 전체 출판물 시장의 10%를 차지하면서 점차 확산되는 추세다.

국내에서는 2018년부터 활발해지고 있다. '윌라', '밀리의 서재', '네이버 오디오클럽', '스토리텔' 등이 그것이다. 월 9,900원의 구독료를 지불하고 모든 콘텐츠를 이용하거나, 오디오북을 낱권으로 사거나 빌릴 수 있다. 무료 콘텐츠도 있다.

오디오북을 이용하는 연령대는 다양한 것으로 분석됐다. 대중화 초창기에는 기존에 책 소비가 많은 연령대인 30대와 40대가 대다수였다. 하지만 최근 들어 20대의 참여도 늘고 있다. 귀에 이어폰만 꽂으면 두 손이 해방돼 멀티테스킹이 가능해지는 장점 때문이라고 한다. 오디오북이 그동안 책을 멀리하던 20대에게 독서 욕구를 불러일으킨다는 점에서 고무적이다.

오디오북은 젊은 층뿐만 아니라, 시력이 약해진 노년층에서도 선호도가 높다. 특히 책 읽기에 어려움을 겪는 시각장애인에게 오디오북은 유용한 콘텐츠다. 이 때문에 일부 도서관에서 자원봉사자들의 도움을 받아 시각장애인에게 책을 녹음해 들려주는 서비스를 제공하고 있다. 오디오북으로 지식격차를 해소하고, 평생학습의 기회를 확대한 점은 긍정적으로 평가되고 있다.

물론, 모두가 오디오북에 열광하는 것은 아니다. 오디오북이 종이책을 대체할 수 없다는 점에서 거부감을 보이는 이도 적지 않다. 손으로 한 장 한 장 책장을 넘기며 읽는 것과 음악처럼 흘러듣는 것과는 분명 차이가 있다는 주장이다. 또한 낭독자의 목소리가 부자연스럽거나, 오디오북의 종류가 다양하지 않다는 등 부정적인 견해도 존재한다.

비대면 문화를 비롯한 생활환경의 변화와 디지털 기술의 발전으로 오디오북이 우리 곁에 다가온 것은 분명하다. 활자와 종이로 된 책에 익숙한 사람들에게 오디오북이 생소한 것도 사실이지만, 책을 '눈으로 읽어야 한다'는 속성에서 벗어나 '귀로 들을 수 있다'는 발상의 전환은 많은 가능성을 제시한다. 특히 최근에는 독자 참여형 콘텐츠를 도입하는 사례도 있어 직접 제작한 나만의 오디오북으로 다채로운 독서활동이 펼쳐지길 기대한다.

디지털 대전환 시대의
인문역량 강화

장기화 모드에 접어든 코로나19 사태의 영향으로 언택트untact 즉, 비대면 문화가 사회 전반적으로 확산되면서 디지털 대전환(Digital Transformation)이 가속화되고 있다. 전염병에 따른 트라우마는 상당 기간 지속된다고 한다. 이 때문에 이미 바뀌기 시작한 시민들의 생활방식은 장기간 유지되거나 굳어질 가능성이 크다.

코로나19 감염 확산을 방지하기 위한 기본조건인 사회적 거리두기 또는 생활 속 거리두기가 비접촉 생활문화로 자리매김하고 있는 것이다. 특히 바이러스에 대한 두려움은 의사소통 방식도 결정하면서 우리의 일상을 바꿔놓고 있다.

이에 따라 사회 구성원들은 오프라인의 대안으로 온

라인을 선택할 수밖에 없게 됐으며, 이는 4차 산업혁명의 기반인 디지털 대전환의 가속화에 영향을 미치고 있다. IT 용어사전에 따르면 디지털 대전환은 '디지털 기술을 사회 전반에 적용해 전통적인 사회구조를 혁신시키는 것'이다.

일반적으로는 기업에서 사물인터넷(IoT), 클라우드 컴퓨팅, 인공지능(AI), 빅데이터 솔루션 등 정보통신기술(ICT)을 플랫폼으로 구축하고 활용함으로써 전통적인 운영방식과 서비스 등을 혁신하는 것을 의미한다.

코로나19 사태는 책과 전화 등으로 지식과 정보를 공유하는 아날로그 세계에 조용히 스며들던 디지털 대전환을 '폭주 기관차'로 만들었다. 대통령 직속 4차산업혁명위원회는 코로나19 사태를 계기로 온라인, 비대면, 비접촉 생활문화가 확산되면서 국가 전반의 디지털 대전환이 가속화될 것이란 전망을 내놓기도 했다.

기업들도 포스트 코로나 시대에 경쟁력을 확보하기 위해 앞다퉈 스마트 팩토리Smart Factory를 구축하는 등 디지털 대전환에 속도를 내고 있다. 이 같은 현상은 국내외할 것 없이 전 세계적으로 광범위하게 진행되는 추세다.

공공도서관의 경우도 예외일 수 없다. 지역에서 코로나19 확진자가 발생하자마자 감염 확산을 방지하기 위해 도서관 문을 닫았다. 그리고 도서관을 이용하지 못하는 시민들을 위해 '랜선'이란 신조어까지 동원하면서 온라인 서비스를 강화하는 데 주력했다. 페이스북, 인스타그램, 유튜브 등 SNS 플랫폼을 이용한 랜선 강의, 랜선 전시, 랜선 독서토론 등이 그것이다.

온라인 서비스를 제공하기 위해 도서관 종사자들은 디지털 기기를 활용한 영상 촬영과 편집에 이어, 유튜브 업로드 방법까지 서둘러 공부하고 실행하지 않을 수 없었다. 디지털 대전환의 속도를 몸으로 느끼기에 충분했다.

디지털 하드웨어 분야에서도 코로나19 사태가 도서관의 디지털 대전환에 미친 영향력은 대단했다. 온라인으로 전자책(e-book)을 읽을 수 있는 전자도서관의 경우 활용실적이 코로나19 확진자가 나오기 이전에 비해 급성장하면서 시민들이 읽을 만한 전자책을 훨씬 더 많이 구비해야 한다는 목소리가 커지고 있다.

또한 지하철역 등 유동인구가 많은 곳에 시범적으로 설치됐던 무인도서관인 스마트 도서관은 풍선효과가 적용되면서 활용도가 높아졌다. 설치비용에 비해 효율성이 떨어진다는 지적을 받았던 스마트 도서관은 코로나19 사태 덕분에 예산을 늘려 증설해야 할 아이템으로 부각됐다.

하지만 이 대목에서 놓치지 말아야 할 것이 있다. 인간만이 수행할 수 있는 상상력, 창의력, 융합, 감성, 윤리 등 아날로그 영역이 바로 그것이다. 4차 산업혁명 시대를 향해 브레이크가 고장난 기관차처럼 폭주하는 디지털 대전환이 진행되면 될수록 역설적이게도 우리는 아날로그 영역에 더욱 집중해야 한다. 우리 삶의 본질이 인간과 인간의 삶에 대한 논의와 고민에서 도출되기 때문이다.

디지털은 인간의 삶에 편의를 제공하는 도구(tool)이다. 4차 산업혁명의 총아로 일컬어지는 인공지능도 빅데이터를 분석한 패턴을 인식하는 알고리즘이 작동되는 디지털 장치에 불과하다.

그런데도 우리는 인공지능이 인간의 일자리를 빼앗고, 급기야 인간을 지배할 것이라며 인간과 노동의 가치를 스스로 폄훼하고 있다. 인공지능을 작동시키는 알고리즘을 당연히 인간이 설계하는데도 말이다. 디지털 대전환을 디지털 만능 또는 디지털 숭배로 받아들일 때 인간은 인공지능의 노예가 되는 최악의 상황을 마주하게 될 것이다.

코로나19 사태의 근원도 이와 같은 맥락이다. 인간의 탐욕이 자연생태계를 파괴한 결과이기 때문이다. 디지털 대전환 시대를 맞이하는 공공도서관에서 아날로그 영역인 책 읽기와 글쓰기 등 시민들의 인문역량을 더욱 강화해야 하는 것도 같은 이유에서다.

숲과
도서관

　코로나19 사태가 장기화되면서 산을 찾거나 텃밭을
가꾸는 시민들이 늘고 있다. 지역사회 감염 확산을 막기
위한 방역수칙으로 등장한 사회적 거리두기 또는 생활 속
거리두기가 3개월 이상 지속되면서 나타난 현상이다. 외
부활동을 자제하면서 '집콕' 이란 신조어가 생길 정도로
집에만 머물다 보니 부족해진 운동량을 보충하는 동시에,
코로나19로 인한 우울증이란 뜻의 '코로나 블루' 를 극복
하거나 예방하기 위한 방책으로 자연친화적 환경이 부각
되고 있기 때문이다.
　한국관광공사가 코로나19 사태 발생 이후 빅데이터를
활용해 국민의 관광행동 변화를 분석한 결과에서도 이 같
은 경향이 뚜렷하게 나타났다. 결과를 정리하면 '집 근처

의 자연친화적 공간에서 가족과 함께 안전한 야외활동'을 선호한다는 것이다. 예약했던 여름휴가철 해외여행을 일 찌감치 취소한 것은 물론, 수도권을 중심으로 코로나19가 다시 확산되는 탓에 장거리 국내여행도 포기해야 하는 현실을 생각하면 설득력 있는 내용이다.

필자가 근무하는 도서관에서도 데이터 기반 도서관 운영에 수년째 집중하고 있다. 최근 직무역량 강화 차원에서 실시한 빅데이터 분석기법 워크숍에서도 같은 맥락의 결과가 도출됐다. 업무영역별로 직원들을 세 그룹으로 나눠 코로나19 발생 이후 시민들이 인터넷 포털사이트와 SNS 등에서 언급한 소셜 데이터를 수집해 분석한 결과, '코로나 블루를 극복하기 위해 가족과 함께 독서와 숲을 통한 인문학적 힐링'을 원하는 것으로 나타났다. 이와 함께 산업, 의학, 교육 등 사회 전반적으로 '포스트 코로나'란 키워드도 도출됐다.

다행스럽게도 무학숲도서관은 숲을 배경으로 한 자연친화적 도서관이란 특징을 가지고 있다. 도서관 명칭을 정할 때도 무학산공원에 자리한 도서관이란 특성을 나타내기 위해 '숲'이란 키워드를 채택했다. 생태·환경을 주제로 관련 도서를 집중적으로 수집하고, 이와 관련된 다양한 프로그램을 기획함으로써 숲 속에서 힐링과 독서를 함께 할 수 있는 가족 중심 도서관으로 자리매김하고 있다.

무학숲도서관은 특화도서관 선정을 통해 개관과 함께 진행하고 있는 곤충사육체험과 도시농업을 강화했다. 특히 도시농업에서는 가족텃밭체험 이외에도, '도서관에 벼가 자라요'란 이름으로 벼농사체험을 새롭게 시도했다. 벼농사체험은 공개모집을 통해 선정된 열 가족이 참여하는데, 모심기와 수확하기 등 각종 체험은 생활방역지침을 준수하기 위해 소규모로 나눠 진행되었다. 친환경농법인 우렁이농법으로 벼를 기르는 이 프로그램에 참여한 부모와 자녀들은 우리의 주식인 쌀이 어떻게 생산되는지 생생하게 체험했다.

코로나19 사태로 디지털 기반 언택트 문화의 확산이 가속화되는 반면, 다른 한편에서는 심리적 안정감과 운동효과를 얻기 위해 숲과 텃밭 등 자연친화적인 아날로그 문화가 더욱 부각되고 있다. 이는 21세기 들면서 디지털 기기에 아날로그 감성을 융합시킨 사조를 의미하는 '디지로그DigiLog'란 신조어가 등장한 것과 같은 맥락이다.

진공관 앰프의 음색과 함께 턴테이블의 손맛을 느낄 수 있는 LP판을 즐기는 레트로 문화가 요즘 부쩍 확산되는 추세와도 무관하지 않다. 양 극단에 치우치지 않으려는 인간의 균형감각이 자율적으로 작동한 것으로 보이는 대목이다. '지혜의 보고寶庫'를 자처해 온 도서관도 마땅히 세상의 이치에 어긋나지 않아야겠다.

코로나19와
지역출판의 방향

디지털 대전환(Digital Transformation) 시대를 맞아 인터넷을 기반으로 한 소셜 미디어가 대중화되고, 특히 코로나 19 사태로 디지털 대전환이 가속화되면서 콘텐츠 생산과 유통이 전문가의 영역이던 아날로그 시대는 저물어가고 있다. 기록하는 일을 출판사 등 특정 집단이 독점하던 시대는 지나가고, 이젠 출판 소비자인 시민들에게 개방되는 추세다. 이런 상황에서 지역출판의 역할은 재정립돼야 한다.

지역출판은 지역을 기록한다는 차원에서 지역작가, 지역서점, 지역도서관, 지역언론과 같은 맥락에서 움직여야 한다. 경쟁의 대상으로 볼 것이 아니라, 출판 전문가로서 네트워크 구축을 주도하고 전문성을 발휘함으로써 지역 기록문화의 기획자 역할을 수행한다는 설명이다. 지역의 희망과 고민이 하나로 모이고 응축되는 지역사회의 현장에서 시대정신을 찾고, 그것을 기록하는 기획자 역할을 수행하면 자연스레 지역의 기록생태계가 조성될 것이다.

대구를 중심으로 코로나19가 확산되는 상황에서 지역을 기록하는 데 지역출판이 모범을 보인 사례가 있다. 지역출판사인 학이사는 코로나19가 걷잡을 수 없이 번지자 각계각층의 시민 51명이 겪고 있는 코로나 사태의 기록을 『그때에도 희망을 가졌네』라는 책으로 남겼다.

이어 대구의 코로나19 치료현장에서 경험한 의료진 35인의 기록 『그곳에 희망을 심었네』도 재빨리 출간했다. 이렇게 지역출판사가 코로나19 재난 기록의 신호탄을 쏘아 올리자, 대구지역 문화기관 및 단체와 의료전문가 단체도 코로나19 기록화 대열에 동참했다.

코로나19 사태 이전까지 국내의 재난 기록은 주로 전문가 집단에서 이뤄졌다. 특히 2014년 4월 16일 발생한 세월호 참사를 계기로 재난 기록이 집중적으로 진행됐다. 4·16세월호참사 작가기록단이 2017년 간행한 『재난을 묻다-반복된 참사 꺼내온 기억, 대한민국 재난연대기』가 좋은 사례다.

이 기록은 세월호 이후 안전한 세상을 만들기 위해 국가의 무책임과 시간의 망각에서 끄집어내 되짚어본다. 대구지하철 화재참사, 태안해병대캠프 참사, 씨랜드 화재참사 등 일곱 건의 재난을 소재로 삼았다.

작가기록단은 2019년 『그날이 우리의 창을 두드렸다』도 펴냈으며, 희생자 유가족과 생존학생들의 육성을 기록한 『금요일엔 돌아오렴』과 『다시 봄이 올 거예요』도 출간했다. 민주사회를 위한 변호사모임이 기록한 『416세월호 민변의 기록』도 같은 맥락에서 출간됐다.

대구를 중심으로 코로나19 사태가 확산된 상황을 기록한 학이사의 긍정적인 역할을 감안할 때 지역출판사들의 전국적인 연대가 요구된다. 특히 감염병을 비롯해 전국적으로 진행된 재난을 기록하는 데 지역출판의 역할은 중요하기 때문이다. 매년 기초지방자치단체와 한국지역도서전을 주최하는 한국지역출판연대가 그 중심에서 역할을 수행하는 것이 바람직하다.

지역 단위 연대를 조직해 지역의 재난 기록에 대해 협의하고 역할을 분담하면 해당 지역의 재난을 제대로 기록할 수 있을 것이며, 각 지역 조직이 한국지역출판연대를 중심으로 힘을 모으면 전국적인 재난 상황을 가장 효과적으로 기록할 수 있을 것으로 보인다.

지역을 기록하기 위해 지역작가, 지역출판, 지역서점, 지역도서관, 지역언론이 같은 맥락에서 지속가능한 기록 생태계를 만든 뒤 이것이 선순환구조로 작동하길 소망한다. 이 같은 기록생태계가 조성되면 자연스럽게 구조적인 지역출판의 어려움도 얼마간 해소될 수 있으며, 지역출판을 지원하는 '지역출판지원특별법'(가칭) 등의 입법절차를 거쳐 중앙정부나 지방자치단체의 공식적인 지역출판 진흥정책도 유도할 수 있을 것으로 기대된다.

'코로나 일상' 속의 독서문화운동

"코로나 이후는 없다. 코로나와 함께 사는 시대를 준비하라."

카이스트 미래전략연구센터가 발간한 『카이스트 미래전략 2021』을 홍보하는 문구다. 다르게 표현하면 "포스트post 코로나는 없다. 위드with 코로나 시대를 준비하라."다. 다음 해의 경영전략을 소개하는 이 책은 매년 시리즈로 간행되고 있다. 2020년에는 '위드 코로나: 달라진 세상, 새로운 기회'란 부제를 달고 있으며, 지난해 발간된 『카이스트 미래전략 2020』의 부제는 '기술과 인간의 만남'이었다. 부제만 살펴봐도 코로나19가 세상을 바꾼 것을 알 수 있다.

코로나19 사태가 길어지면서 '위드 코로나 시대'란

말은 일상화됐다. 이 말은 코로나19를 예방하면서 일상생활을 해야 하는 시기를 뜻한다. 국립국어원은 이를 대체할 우리말로 '코로나 일상'을 선정하기도 했다.

코로나 일상에서는 감염병 위험이 도사리고 있는 가운데 일상생활을 영위해야 하기 때문에 비대면 상황이 요구될 수밖에 없다. 이 때문에 인류는 이때껏 단 한 번도 겪어보지 못했던 많은 변화를 경험하고 있다.

모든 시민을 대상으로 지식정보를 제공하는 공공도서관도 예외가 아니다. 코로나19 확진자가 인근 지역에서 발생하면 문을 닫았다가 상황이 호전되면 문을 열기를 반복했다. 문을 열 때는 방역을 위해 사회적 거리두기를 준수해야 했다.

문을 닫은 채 비대면 상황을 유지해야 할 때도 시민들의 일상을 위해 온라인 소통에 집중했다. 오프라인으로 진행되던 강연은 영상 콘텐츠로 제작돼 유튜브와 밴드 등 온라인 매체를 통해 시민들에게 제공됐다. 강연의 효과를 높이기 위해 줌zoom 등 쌍방향 소통이 가능한 화상회의 시스템도 활용됐다. 코로나19 사태 이전에는 생각할 수도 없었던 변화가 수개월 만에 일어났다.

비대면 접속의 활성화로 '디지털 대전환(Digital Transformation)'이 가속화되고 있다. 디지털 대전환은 디지털 기술을 사회 전반에 적용함으로써 전통적인 사회구조를 혁신시키는 것이다. 일반적으로 사물인터넷(IoT), 클라우드 컴퓨팅, 인공지능(AI), 빅데이터 솔루션 등 정보통신기술(ICT)을 플랫폼으로 구축해 전통적인 운영방식과 서비스 등을 혁신하는 것을 의미한다. 성공적인 디지털 대전환을 통해 4차 산업혁명이 실현된다. 요즘 코로나19 사태로 인류가 느끼는 변화는 디지털 대전환의 시작에 불과하다는 것이 전문가들의 시각이다.

이제 코로나와 함께 살아가야 하는 코로나 일상을 맞이하고 있다. 코로나 탓만 할 것이 아니라, 기존 생각의 틀을 완전히 바꿈으로써 변화된 세상에 적응해야 한다. 디지털 대전환을 대하는 자세도 마찬가지다. 아날로그 세대는 디지털 대전환을 단순히 도구의 변환으로만 생각하지만, 그 정도가 아니다. 삶의 방식이 바뀐다는 점에 주목해야 한다.

코로나의 역설,
전자책 성장

코로나19 사태가 장기화되면서 사회 전반적으로 생활 양식이 바뀌고 있다. 코로나19 확산을 방지하기 위해 사회적 거리두기가 요구되면서 시민들은 기존에 얼굴을 맞댄 채 일을 처리하던 일상에서 벗어난 비대면 업무방식을 서서히 받아들이고 있다. 이 때문에 '접촉하다'는 뜻의 '콘택트contact'에 부정의 의미인 '언un-'을 합성한 '언택트untact'란 신조어가 생겨나기도 했다. 대표적으로 초등학생에서 대학생까지 교실에서 선생님과 마주하던 대면 수업을 포기한 채 집에서 온라인으로 수업을 받기도 했다.

책 읽는 문화도 바뀌고 있다. 공공도서관과 서점 등 종이책을 빌리거나 살 수 있는 기존의 독서공간이 모두 문을 닫는 바람에 온라인으로 읽을 수 있는 전자책(e-book)이 부각된 것이다. 대구지역 공공도서관의 경우 2020년 4월에 접어들면서 온라인으로 예약을 한 뒤 도서관 입구에서 종이책을 건네받는 '북 워크 스루Book Walk Thru' 대출서비스를 통해 시민들에게 종이책을 제공하고 있지만, 이용자 입장에서 보면 예약절차의 번거로움과 대출자 수 등의 제약 때문에 코로나19 사태 이전보다 불편한 것은 분명하다. 이 때문에 집에서 개인용 컴퓨터나 스마트폰을 통해 콘텐츠를 즐길 수 있는 전자책을 찾는 독자들이 자연스럽게 늘어나는 추세다.

'대구시민의 스마트한 독서생활이 시작되는 곳' 이란 슬로건을 내건 대구전자도서관에 소장된 전자책을 찾는 이용자는 코로나19 사태 이후 큰 폭으로 늘어났다. 대구전자도서관은 지역 공공도서관이 종이책을 무료로 제공하는 것과 마찬가지로 전자책을 무료로 읽을 수 있다.

대구시립중앙도서관에 따르면 대구지역 첫 확진자인 31번 환자가 발생한 2020년 2월 18일부터 세계 책의 날인 4월 23일까지 66일간 대구전자도서관의 전자책을 대출한 이용자는 42,853명으로, 지난해 같은 기간보다 46.3%가 늘어났다. 또한 전자책을 대출하지 않은 채 열람한 이용자는 131,059명으로, 지난해 같은 기간보다 43.6%가 증가했다.

이 같은 증가폭은 3월 후반부터 코로나19 사태가 장기화 조짐을 보이자, '코로나 블루'란 신조어가 생기면서 책 읽기로 심리적 면역력을 키우자는 분위기가 형성된 것과 무관하지 않다. 이와 함께 지역 공공도서관들이 시민들의 온라인 독서활동을 위해 대구전자도서관을 홈페이지와 SNS 등을 통해 적극적으로 홍보한 것도 긍정적 영향을 미친 것으로 풀이된다.

코로나19 사태가 발생하기 전의 통계가 절반 정도 차지하는 전자책 이용실적이 지난해 같은 기간에 비해 그다지 늘어나지 않은 것은 이를 증명한다. 2020년 1월부터 3월까지 3개월간 대구전자도서관의 전자책 대출자는 43,471명으로, 지난해 같은 기간보다 6.8%가 증가했다. 또 같은 기간의 전자책 열람자는 2020년 129,763명으로, 지난해보다 5% 증가하는 데 그쳤다.

이와 함께 디지털 대전환 시대를 맞아 전자책을 찾는 독자들이 조금씩 늘어나는 추세도 영향을 미친 것으로 보인다. 아날로그 방식의 종이책 중심으로 형성된 독서문화가 차츰 디지털 매체인 전자책으로 진행되기 때문이다. 또한 태어나면서부터 디지털 기기를 다루는 '디지털 원주민(digital native)'인 젊은 세대가 본격적인 사회활동을 하는 것도 한 원인으로 보인다. 하지만 아직까지 전자책이 활성화되기에는 콘텐츠의 종류와 수준이 만족스럽지 않다는 지적이 있다. 특히 코로나19 사태로 공공도서관이 문을 닫으면서 성인은 물론 온라인 개학을 한 학생들을 위한 전자책 공급이 시급하게 요구되지만, 초등학생을 위한 전자책을 구하기 어렵다는 교육 현장의 목소리도 있다.

전자책의 전망과 한계는 문화체육관광부가 2년마다 실시하는 국민독서실태조사에서 그대로 드러난다. 종이책의 독서율과 독서량은 계속 줄어드는 반면, 전자책의 독서율은 2015년을 최저점으로 조금씩 회복되고 있다. 하지만 전자책의 독서량은 큰 차이가 없는 편이다. '2019년 국민독서실태조사' 결과에 따르면 성인의 전자책 독서율은 16.5%로, 2017년 14.1%보다 증가했다. 전반적으로는 2011년 16.5%, 2013년 13.9%에서 2015년 10.2%로 2~3% 포인트씩 줄어들었다가 2017년과 2019년 2% 포인트 정도씩 늘어나고 있다.

그리고 2019년 학생의 전자책 독서율은 37.2%로, 2017년 29.8%보다 늘어났다. 하지만 아직까지 2013년 수준도 회복하지 못했다. 전체적으로 살펴보면 2011년 50.2%에서 2013년 38.3%를 거쳐 2015년 27.1%로 최저점을 찍은 뒤 2017년 29.8%로 소폭 회복됐다가 2019년 37.2%에 겨우 다다랐다. 한편 전자책의 연평균 독서량은 성인이나 학생이나 큰 변화가 없었다. 성인은 1.2권으로 2017년 1.1권보다 늘었지만, 학생은 5.6권으로 2017년 5.7권보다 줄었다.

디지털 교육과
도서관

공공도서관이 지역주민을 위한 디지털 교육의 플랫폼으로 자리를 잡고 있다. 시민들에게 디지털 교육이 절실한 이유는 간단하게 말해서 디지털 대전환 및 4차 산업혁명이란 거대한 흐름 속에서 생존하기 위해서다. 특히 코로나19가 디지털 기술을 기반으로 하는 비대면 환경을 요구하기 때문이다.

코로나19 감염이 급격히 확산되던 초기를 되돌아보자. 컴퓨터나 스마트폰으로 전자상거래를 하지 못하는 수많은 시민이 가장 기본적인 방역물품인 마스크를 구하기 위해 감염의 위험을 무릅쓰고 약국으로 몰려든 장면을 떠올릴 수 있다.

그 장면은 우리나라를 IT 강국이라고 자랑하던 이들

이 할 말을 잃기에 충분했다. 100%에 육박하는 인터넷과 스마트폰 보급률은 세계 최고 수준이지만, 시민들의 디지털기기 활용능력을 고려하면 곤란한 상황이었다. 보급률은 말 그대로 기반을 갖추었다는 것이지 역량이 높다는 것은 아니기 때문이다.

물론, 이전부터 컴퓨터와 스마트폰 등 디지털 기기 사용법을 교육하는 프로그램은 있었다. 기초지방자치단체마다 아날로그 세대를 위해 정보화 교육을 제공하고 있었지만, 태부족이었다는 것이 확인된 셈이다.

1980년대 이후 탄생한 디지털 세대는 디지털 기기 활용에 아무런 문제가 없다. 문제는 베이비붐 세대를 포함한 아날로그 세대다. 코로나19 사태를 겪으면서 드러난 디지털 격차를 해소하기 위한 대책으로 2020년 9월 전국의 행정복지센터, 평생학습관, 도서관 등 시민들이 쉽게 접근할 수 있는 1천여 곳에서 디지털 배움터가 문을 열었다.

디지털 배움터는 디지털 역량교육 즉, 디지털 리터러시literacy 교육의 장이다. 이 사업은 디지털 소외계층이 생기지 않도록 원하는 국민 모두에게 디지털 역량을 강화하는 교육을 무료로 제공한다.

교육과정은 '디지털 기초', '디지털 생활', '디지털 심화', '디지털 특별' 로 크게 나눠진다. 세부적으로는 '디지털 시민 되기', '디지털 금융사기 예방법', '키오스크 어렵지 않아요' 등 기본에서부터 '온라인 쇼핑몰 창업스쿨', '파이썬 시작하기', '신나는 AR/VR 세상' 등 고급에 이르기까지 다양하다.

이와 함께 디지털 기술의 발달로 SNS를 비롯한 새로운 미디어가 끊임없이 등장하면서 심화되는 질적 정보격차를 해소하기 위한 미디어 리터러시 교육도 공공도서관에서 지속적으로 운영되고 있다.

한국언론진흥재단이 주도하는 미디어 리터러시 교육은 신문활용교육(NIE)에서 시작됐으나, 요즘 들어 '가짜뉴스'로 일컬어지는 허위정보에 무방비로 노출된 시민들이 객관적이고 이성적으로 미디어 정보를 식별할 수 있는 역량을 기르는 쪽으로 방향이 바뀌고 있다.

최근 한 일간지의 인터뷰 기사를 통해 "동네 도서관에 과학 실험실을 만들자"라고 주장한 국립과천과학관 이정모 관장의 발언도 공공도서관을 플랫폼으로 활용하자는 의도로 해석된다.

이 관장의 주장은 전국적으로 1천100여 곳에 이르는 공공도서관을 제대로 활용하면 우리의 눈을 가리고 갈등을 부추기는 가짜정보가 판치는 요즘, 객관적인 숫자로 이치를 따지는 과학 문해력을 기를 수 있다는 취지다. 이를 위해 현재 139개인 전국의 과학관만으로는 부족하니까 지역사회의 중심에 있는 공공도서관과 손을 잡아야 한다는 주장이다.

　공공도서관이 지역사회에서 플랫폼 역할을 하는 것은 디지털 교육만이 아니다. 벌써 복합문화공간으로서 시민들과 다양한 문화를 공유하는 것은 물론, 평생교육기관으로서 민주시민의 역량을 강화하고 있다는 것도 모두가 알고 있는 사실이다.

도서관,
공동체 복원의 구심점

"평범한 도서관은 장서량을 늘린다. 좋은 도서관은 좋은 서비스를 제공한다. 위대한 도서관은 공동체를 만든다."

공공도서관의 역할에 대해 통용되는 표현이다.

공동체란 공통의 생활공간에서 공동의 가치와 규범, 유사한 정체성을 갖고 상호 유대관계를 공유하는 집단을 일컫는다. 전국동시지방선거를 비롯한 각종 선거에서 공약으로 등장하는 등 요즘 사회 곳곳에서 공동체 복원을 부르짖는 목소리가 높다. 우리 사회에 진영 갈등, 지역 갈등, 세대 갈등, 젠더 갈등 등 다양한 사회적 갈등이 만연하다는 방증이기도 하다.

도서관은 공동체의 대표적인 사회적 자본이다. 대체

로 사회적 자본이 잘 구축된 공동체는 범죄율이 낮고, 건강상태가 양호하며, 교육 성취도가 높고, 아동복지에 관심이 많으며, 행정 효율성과 경제적 성취도가 높다. 오늘날 도서관의 사회적 역할이 절실한 이유다.

특히 정보통신기술(ICT)을 기반으로 한층 고도화된 지식정보사회를 유도할 4차 산업혁명시대는 물론, 주민의 민주적 인식과 역량이 요구되는 지방분권시대가 도래하면 공공도서관은 지역공동체의 더욱 증대된 구심점 역할을 수행할 수밖에 없다.

필자가 근무하는 도서관에서도 공동체 복원에 기여하기 위해 지역사회 기관단체들과 공동작업을 진행하고 있다. 2016년 시작한 '우리 마을 책나눔축제'와 2017년 시작한 '우리 마을 동시童詩암송대회'가 그것이다. 책나눔축제는 20여 개 기관 및 단체가 동참하며, 동시암송대회는 행정복지센터와 우리마을교육나눔추진위원회, 초등학교가 함께 준비하고 있다.

특히 책나눔축제는 우리마을교육나눔추진위원회와 새마을부녀회 등 주민단체와 함께 인근의 초 · 중학교 등 각급 학교가 적극적으로 참여한다. 또한 유아 · 어린이 · 청소년 · 여성 · 다문화가정 · 어르신 등 지역주민 모두를 생애주기별로 챙기는 복지기관이 두루 동참하고, 평생학습동아리와 지역업체가 지원을 아끼지 않고 있다. 축제는 지역주민들이 책을 나누는 행사뿐만 아니라 체험행사와 길거리공연 등으로 꾸며진다.

특히 길거리공연 무대에서는 어린이집 유아의 율동, 초등학생과 중학생들의 각종 공연, 노인복지관 어르신들의 하모니카 및 오카리나 합주 등이 순차적으로 이어진다. 매년 1,000명 이상이 몰리는 책나눔축제인 만큼 가족과 이웃의 정情을 확인하면서 환한 미소를 지을 수 있도록 행사를 준비해 지역공동체 복원에 일익을 담당하도록 하겠다고 다짐한다.

공공도서관의
생태 프로그램

코로나19 사태가 발생한 이후 생태生態란 단어가 더욱 부각되고 있다. 전국적으로 조성된 생태공원과 생태체험장을 찾는 발길도 이어지고 있다. 인간이 자연생태계를 파괴하고, 자연 속에서 잘 살던 야생동물들이 인간에게 바이러스를 옮길 수밖에 없는 상황을 만들었기 때문에 코로나19가 발생했다는 과학자들의 설명에 귀를 기울인다는 것이다.

생태의 사전적 의미는 '생물이 자연계에서 생활하고 있는 모습' 또는 '생명체 간, 생명체와 환경 간의 상호관계와 상호의존성' 이다. 생태 개념은 모든 생명체는 서로 유기적인 관계를 맺고 있으며, 환경과도 불가분의 관계가 있다는 점을 전제로 한다. 그래서 특정한 생물체의 멸종이나 그 생물체에게서 나타나는 심각한 변화는 그것 하나로 끝나지 않는다는 것이다. 직접적으로 공생관계나 먹이사슬 관계에 있는 다른 생물체나 주변 환경, 그리고 보이지 않는 영역까지 영향을 미친다.

이 대목에서 코로나19 사태를 경험한 인류는 긴장하고 있다. 인간이 자연생태계를 파괴하면 감당할 수 없을 정도의 보복을 받게 된다는 경험을 얻었기 때문이다. 코로나19 사태 이후 삶의 패턴이 완전히 달라진 지금에서야 지속 가능한 삶을 누리기 위해 자연생태계의 중요성을 다시금 깨닫게 됐으며, 생태적 삶의 가치와 의미를 되새겨보게 됐다.

공공도서관에서 생태를 주제로 삼은 강연과 체험 등 다양한 기획을 추진하는 것도 같은 맥락이다. 공공도서관이 수행해야 하는 역할 중에 지역주민의 삶의 질이 향상될 수 있도록 정보를 제공해야 한다는 정보서비스 기능에도 부합하기 때문이다.

필자가 근무하는 도서관에서도 생태 관련 기획을 수년째 진행하고 있다. 올해 들어 추진하고 있는 생태 프로그램은 체험과 특별강연으로 크게 나눌 수 있다. 체험은 도서관 인근의 진밭골과 무학산공원에서, 특별강연은 도서관 내에서 각각 진행되고 있다. 진밭골야영장을 중심으로 진행되는 가족생태체험은 시범운영을 거쳐, 여름방학을 맞아 본격적으로 운영될 예정이다. 주말을 이용해 실시된 시범운영기간에는 숲을 거닐면서 다양한 체험을 하는 '생각의 숲을 거닐다', 생태공예를 체험하는 '자연물에 생명을 더하다', 천체를 관측하는 '별별 이야기를 나누다' 등의 행사가 시민들에게 제공됐다. 시민들을 대상으로 한 달 치씩 참가 신청을 받은 결과, 불과 한두 시간 만에 마감될 정도로 반응이 좋았다.

여름방학 중에는 진밭골 가족생태체험이 평일에도 운영된다. 코로나19 사태로 장거리 여행을 떠나지 못하는 가족들에게 도심 가까이에서 자연을 즐기면서 학습효과도 누릴 수 있는 기회를 제공하기 위해서다. 숲지도사를 비롯한 전문가들의 지도 아래 숲속걷기, 생태공예, 밤길 걷기, 명상, 천체관측 등을 복합적으로 체험하도록 기획됐다. 특히 토요일에는 가족들이 텐트를 친 뒤 다양한 프로그램을 묶은 패키지를 즐길 수 있도록 기획했다.

무학산공원에는 용학도서관의 분관인 무학숲도서관이 있다. 이 도서관에서는 숲의 변화를 관찰하는 무학산 숲속산책, 자연물로 책 속 주인공을 공예품으로 만들어보는 자연과 책이 만나다, 초등학생을 대상으로 하는 곤충사육체험 등을 진행하고 있다. 참가자를 선착순 모집하는 모든 프로그램에는 언제나 경쟁이 치열하다. 이와 함께 텃밭에서 다양한 작물을 키우는 가족텃밭체험, 친환경 벼농사를 경험하는 가족텃논체험도 운영하고 있다. 도시농업을 체험하는 이들 프로그램에 참가하는 가족들은 신청을 받은 뒤 추첨을 통해 선정된다. 신청자가 많기 때문에 전년도에 참가한 가족은 제한하고 있다.

생태체험과 특별강연 등 다양한 프로그램이 진행되는 동시에 생태를 주제로 한 북큐레이션이 함께 마련됐다. '인간이 만든 재앙' 이란 주제의 북큐레이션에서는 지구온난화, 미세플라스틱, 코로나19 등과 관련된 책, DVD, 뉴스기사, 학술논문 등이 전시됐다. 이처럼 공공도서관에서는 독서운동 확산과 함께 이용자에게 더 많은 정보를 제공해야 하는 핵심적인 역할뿐만 아니라 지역 주민과 함께 환경을 생각하는 생태프로그램에도 충실하고 있다.

3부

도서관과 독서문화

큐레이션의 확장,
'도서관 밖 도서관'

요즘 미식가들 사이에서는 점심 메뉴까지도 큐레이팅하는 세상이 됐다고 한다. 원래 미술관이나 박물관에서 쓰이던 큐레이팅curating이란 용어의 쓰임새가 사회 전반으로 확산된 것이다. 바야흐로 '큐레이션curation의 시대'가 됐다. 몇 해 전에는 '선택은 어떻게 세상의 가치를 창조하게 되었는가'란 부제를 단 '큐레이셔니즘'이란 책이 국내에 소개되기도 했다. 큐레이션은 창조의 영역인 저작물의 원형을 훼손시키지 않은 채 새로운 가치를 만들어내기 때문에 '제2의 창조'로 평가받고 있다.

큐레이션은 미술관이나 박물관의 전시기획자를 의미하는 큐레이터curator에서 파생된 용어다. 다양한 정보가 넘쳐나는 현대사회에서 큐레이션은 '정보나 콘텐츠를 선택적으로 골라서 새로운 가치를 부여해 제공하는 행위'를 포괄하는 단어로 두루 사용된다. 그리고 큐레이터는 '보살피다', '관리하다'는 뜻의 라틴어 '쿠라cura'에서 유래했다고 한다. 큐레이터는 박물관이나 미술관에서 자료를 수집, 보존, 관리, 전시, 조사 및 이와 관련되는 업무를 담당하는 사람을 지칭했다. 또한 큐레이팅은 큐레이션에다 큐레이터의 활동까지 포함하는 의미다.

특히 지식정보사회를 지나 지능정보사회를 맞으면서 상상할 수도 없을 정도로 많은 정보가 생산되는 오늘날 큐레이션의 영역과 기능은 확대되고 있다. 확대 재생산이 용이한 디지털 방식으로 가공된 정보를 수집 및 선별하고, 이에 새로운 가치를 부여해 전파하는 행위이기 때문이다. 정보의 양이 많아지면 많아질수록 선별된 양질의 정보에 대한 수요가 커진다. 큐레이션은 이런 수요를 충족시키기 위해 탄생한 것이다.

큐레이터의 역량에 따라 지식정보의 부가가치는 무궁무진하게 확대될 수 있다. 다양한 자료를 자기만의 스타일로 조합해 내는 파워블로거, 각계각층의 사람들이 거대한 집단지성을 형성한 위키피디아, 스마트폰에서 유용한 정보를 모아 제공하는 애플리케이션 등이 큐레이션의 한 형태라고 볼 수 있다. 직접 취재해 제작하지 않더라도 뉴스를 다양한 형태로 재가공해서 보여주는 '뉴스 큐레이팅',

뮤직 페스티벌에서 음악을 고르는 '뮤직 큐레이팅'도 있다. 그리고 고급 수제 치즈나 전채요리를 고르는 사람을 '푸드 큐레이터'라고 한다.

지식정보를 바탕으로·탄생된 콘텐츠를 큐레이션의 대상으로 삼아보면 가치는 더욱 커진다. 정보의 디지털화로 불거진 정보 과잉 상황을 전제로 하는 '콘텐츠 큐레이션'은 이용자들의 요구가 반영된 정보의 노출량을 늘리고, 선택 가능성을 높이는 데 초점이 맞춰져 있다. 따라서 정보의 생산과 전달, 공유 등을 목적으로 하는 영역에서는 활용 범위가 넓다. 그 기반에는 빅데이터 분석이 자리를 잡고 있다. 전문가들은 콘텐츠 큐레이션의 활용 범주를 소셜 미디어, 뉴스 제공 서비스, 전자상거래 분야로 크게 나누기도 한다.

인류가 생산한 지식정보의 보고인 도서관에서도 요즘 큐레이션이란 용어를 쉽게 찾아볼 수 있다. 책을 대상으로 삼는 '북 큐레이션'이 대표적이다. 책 선택에 어려움을 느끼는 독자들을 위해 사서가 주제를 선정해 독자와 책을 연결해 주는 서비스다. 사서가 제공하는 추천도서와 유사하지만, 이용자들이 손쉽게 책에 접근할 수 있도록 다양한 전시기법을 활용하는 것이 차이점이다. 북 큐레이션을 담당하는 사서의 역량에 따라 온라인과 오프라인을 가리지 않고 책, DVD, 뉴스기사, 학술논문 등을 제공하는 경우도 있다.

북 큐레이션은 단순히 자료실에서 진행되는 추천도서 전시에 그치지 않는다. 도서관이 책을 수집하는 과정에서부터 큐레이션은 이뤄지고 있다. 전자출판의 등장으로 책을 출간하는 일이 이전보다 쉬워지면서 책의 생산량도 자연스럽게 늘어났기 때문에 선택의 과정이 등장했다. 물론, 책이 귀한 시절에도 사서들은 양서良書만을 큐레이션했다. 미풍양속을 해치는 책 등은 절대 도서관에 들이지 않았던 것이다. 큐레이션이란 용어가 생겨나기 전부터 도서관에서는 큐레이팅이 이뤄졌으며, 사서는 지식정보 큐레이터 역할을 수행하고 있었던 셈이다.

지식정보를 담는 매체가 책을 뛰어넘으면서 도서관이 큐레이팅해야 할 대상은 한층 많아졌다. 도서관에서 보유한 콘텐츠뿐만 아니라, 인터넷이란 가상공간에 존재하는 콘텐츠도 사서가 큐레이팅해야 할 대상이 된 것이다. 또한 사서들은 지식정보 큐레이팅을 통해 박물관, 미술관, 야영장, 공원, 학교, 자원재활용센터 등 도서관 밖의 공간에 존재하는 콘텐츠도 이용자에게 제공하고 있다. 이를 두고 수성구립도서관은 지식정보의 공간적 범위를 확장한다는 의미로 '도서관 밖 도서관'이란 개념을 설정, 시민들에게 제공하고 있다.

도서관 밖 도서관은 네트워크를 기반으로 도서관 운

영의 확장성을 구현하는 개념이기도 하다. 도서관이란 제한된 공간, 제한된 예산, 제한된 인력의 한계를 극복해 이용자에게 필요한 지식정보와 콘텐츠를 제공하기 위한 방책인 것이다. 그리고 도서관이 지식정보 소비자에서 2차 생산자로 역할을 확대한다는 의미이기도 하다. 도서관 안팎에서 수집된 다양한 지식정보의 개방과 공유를 통해 새로운 콘텐츠를 생산하고, 이용자에게 제공할 서비스를 개발하는 것이기 때문이다.

아이디어를 자신의 힘으로 직접 구현하는 창조활동을 의미하는 메이커운동 차원에서도 지식정보 큐레이션 또는 콘텐츠 큐레이션이 도서관에 제격이다. 그 결과가 아날로그 방식으로는 글쓰기 등으로, 디지털 방식으로는 요즘 대세인 1인 미디어 시대에 걸맞게 영상 만들기 등으로 나타난다. 도서관이 지식정보 및 콘텐츠를 창조하는 메이커 스페이스가 되는 것이다. 그리고 그 혜택은 온전히 도서관 이용자인 시민에게, 지역주민에게 돌아가도록 설계돼야 한다. 도서관의 궁극적인 목적은 시민역량 강화이기 때문이다.

'라키비움'의
부상

　정보기술(IT)의 발달로 책과 예술품, 유물, 영상 등 다양한 유형의 정보자료가 디지털화되면서 관리 또는 서비스의 경계가 허물어지고 있다. 이런 가운데 관련 정보를 한 곳에서 찾거나 즐기려는 이용자의 요구를 충족시키기 위해 '라키비움Larchiveum'이 부각되고 있다. 라키비움은 도서관(Library), 기록관(Archive), 박물관(Museum)의 합성어로 시민들에게 정보와 지식을 제공하는 문화기관의 기능을 한 곳에서 수행하는 복합문화공간을 뜻하는 신조어다.

　프랑스의 퐁피두 국립미술문화센터를 비롯해 20세기 후반 유럽에서 등장한 복합문화공간은 2008년 미국 텍사스대학의 메건 윈젯 교수에 의해 '라키비움'이란 이름을 갖게 됐다. 윈젯 교수는 다가올 미래에는 도서관, 기록관,

박물관의 정보를 집약적으로 수용할 수 있는 공간이 필요하다고 주장한 뒤 이러한 기능을 수행할 수 있는 기관으로 라키비움을 제안했다. 미국 펜실베이니아주에 있는 카네기자연사박물관이 대표적인 라키비움으로 손꼽힌다.

정보가 힘인 현대사회에서 효율적으로 정보를 취득할 수 있는 라키비움은 국내에서도 적극적으로 받아들여지고 있다. 도서관계에서는 국립도서관들이 앞장섰다. 국립중앙도서관 문학실은 벌써 2016년 라키비움으로 변신했다. 5단 양면서가들이 줄지어 있는 기존 자료실의 모습에서 탈피해 다양한 높이의 서가와 진열장, 카페를 연상시키는 열람석 등을 설치했다. 또한 한국근대문학의 흐름을 살펴볼 수 있는 연대기 코너와 장르별 코너 등을 마련해 희귀자료 등 다양한 자료를 전시하고 있다.

국회도서관도 2017년 국립민속박물관과 업무협약을 체결하고, 본격적으로 라키비움 확산에 나섰다. 국립민속박물관은 국회도서관이 구축한 서지와 원문 데이터베이스를 활용해 박물관 이용자에게 지식정보를 확산함으로써 학술 및 연구기능을 강화하고, 국회도서관은 전시기획 컨설팅과 전시업무를 지원받기 위해서였다. 같은 맥락에서 2021년 6월 개관 예정인 국회도서관 부산분관은 초대형 라키비움으로 건축 중이다.

박물관계에서는 더 적극적인 변신을 도모하고 있다.

2019년 8월 서울 서초구에 재개관한 국립국악원 국악박물관은 음악도서관 기능을 추가하면서 최종적인 목표를 라키비움으로 삼고 있다. 전시를 중심으로 한 박물관 기능을 수행하는 동시에, 우리나라의 전통악기는 물론 전 세계의 다양한 악기에 대한 정보와 지식을 한 자리에서 만날 수 있도록 하겠다는 구상이다.

지난해 말 연초제조창을 리모델링해 문을 연 국립현대미술관 청주관의 두드러진 특징도 라키비움이다. 전시 공간에 작품과 함께, 전시 중인 작가의 작품세계를 충분히 파악할 수 있는 도록 등 정보자료를 제공하고 있다. 전북 전주시에 있는 국립무형유산원 책마루도 대표적인 라키비움이다. 2021년 11월 서울 서대문 독립공원 인근에 개관할 대한민국임시정부기념관은 국가기념식을 거행할 수 있는 공간을 비롯해 자료 수집과 전시, 교육 등의 기능을 더한 라키비움 개념을 도입함으로써 기존 기념관과 차별화를 노리고 있다.

필자가 근무하는 도서관도 라키비움 대열에 합류했다. 2019년 10월부터 대구시인협회와 함께 도서관 3층에 마련한 '시詩 라키비움'을 본격적으로 운영하고 있다. 대표적인 프로그램은 '이달의 시인'이다. 기본적으로 한 달 단위로 지역 시인을 '이달의 시인'으로 선정해 시인의 작품집을 비롯해 육필원고, 초상화, 팸플릿, 서화 등을 시 라키비움에 전시하고 있다. 프로필과 출간한 시집, 수상한 문학상 등 시인의 상세한 정보를 제공하는 것은 물론이다. 특히 영상시대에 걸맞게 시인이 출연한 TV 프로그램이나 인터뷰 내용을 편집하거나 직접 촬영한 영상물을 제공하고 있다. 이와 함께 전시기간 중 한 차례 시인과 독자들의 만남도 마련하고 있다. 형식은 강연, 토크쇼, 콘서트 등 어떤 것이든 시인이 원하는 대로다.

이렇게 시를 주제로 한 라키비움을 조성한 이유는 최근 시집이 발간되어도 판매가 되지 않을 정도로 출판시장이 위축돼 있기 때문에 도서관에서 지역 시인의 시집을 수집하는 한편, 전시와 이벤트 등 다양한 방법으로 시의 향기를 지역사회에 퍼트리기 위해서다.

빅데이터와
도서관

미디어 기술, 특히 디지털 미디어 기술이 발달하면서 지식정보의 양이 급격히 늘어나고 있다. 종이책으로 대변되던 아날로그 미디어가 주력이던 시절에는 전반적으로 부족한 정보를 개인이 얼마나 습득하느냐에 따라 생긴 사회적 및 경제적 정보격차(Information Divide)의 해소가 인류에게 주어진 과제였다. 하지만 오늘날 소셜미디어 등 다양한 디지털 미디어를 통해 헤아릴 수 없을 정도로 생산되는 지식정보에 묻혀 지내는 현대인은 자신에게 필요한 지식정보를 선별해 내는 역량을 요구받기에 이르렀다.

특히 우리나라에서는 2020년 2월 본격적으로 확산되기 시작한 코로나19 사태가 2년째 계속되는 바람에 사회적 거리두기를 유지하기 위한 비대면 문화가 조성됐다. 이 때문에 디지털 대전환(Digital Transformation)이 가속화되면서 디지털 미디어에서 생산되는 지식정보의 양은 더욱 늘어날 전망이다. 결국 양(volume), 다양성(variety), 속도(velocity)란 세 가지 특질을 의미하는 '3v'로 표현되는 빅데이터Big Data를 기반으로 하는 인공지능(AI) 시대도 예상보다 앞당겨지게 됐다.

　책과 독서를 화두로 삼는 출판사, 서점, 도서관에서도 빅데이터 분석은 유용한 도구로 자리매김하고 있다. 빅데이터 분석은 현재 상황을 파악하고 원인을 진단할 뿐만 아니라, 대처방안을 제시하고 미래 예측도 가능하다는 점에서 유효한 것으로 평가받고 있다. 하지만 빅데이터는 인간이 내리는 의사결정에 필요한 자료로 쓰인다는 점에 주목해야 한다. 즉, 빅데이터는 의사결정에 유용한 도구란 점이다. 인공지능에게 인간의 운명을 맡길 수 없다는 것과 같은 맥락이다.

　도서관에서 활용하는 빅데이터는 크게 내부 데이터와 외부 데이터로 나눌 수 있다. 내부 데이터는 도서관에서 생성된 이용자 데이터, 장서 데이터, 대출 데이터가 주된 것이다. 이 세 가지 데이터가 서로 어떤 의미있는 관계를 맺고 있는지 찾아내는 것이 내부 데이터 분석에 해당한다. 국내 도서관 대다수가 활용하는 도서관 내부 데이터 분석 솔루션은 국립중앙도서관이 운영하는 '도서관 정보나루'

다. 외부 데이터는 도서관 내부적으로 생성된 데이터를 제외한 데이터라고 할 수 있다.

소셜 빅데이터를 분석하는 이유는 현재 도서관을 찾지 않는 잠재적 이용자를 포함한 시민들의 관심사와 요구 사항을 파악해 선제적으로 도서관 서비스에 반영하기 위해서다. 분기별로 소셜 빅데이터 분석을 통해 주민의 관심사를 파악한 뒤 자료 선정, 북큐레이션, 이용자 맞춤형 독서문화 및 체험 프로그램 기획 등 전반적인 도서관 운영에 활용하고 있다. 이와 함께 감성분석 기법을 활용해 이용자 만족도 조사도 실시하고 있다.

이 같은 시도는 빅데이터 활용 측면에서 볼 때 '도서관 정보나루'를 통해 도서관 내부 데이터를 분석해 도서관 운영에 반영할 뿐만 아니라, 외부 데이터인 소셜 데이터로 시야를 넓혔다는 데 의미를 부여할 수 있다.

독서의
계절

독서의 계절, 가을을 맞아 대구지역에서 흥미로운 독서운동이 잇따르고 있다. 문화체육관광부가 격년으로 실시하는 국민독서실태 조사에서 대구지역 성인의 독서율이 10명 중 4명은 1년 동안 단 한 권도 책을 읽지 않는 전국 평균에도 미치지 못하는 수준으로 나타난 적이 있다. 때문에 다행스러운 일이 아닐 수 없다. 모바일과 SNS 등 뉴미디어가 맹위를 떨치는 가운데 '엄지족'이 늘면서 책을 읽는 시간이 줄어드는 것은 세계적인 추세이긴 하지만, '대한민국 교육수도'란 대구가 서울을 비롯한 수도권은 물론, 강원도와 제주도보다 독서율이 낮은 것은 부끄러운 일이다.

국가나 사회가 미래의 발전을 도모하려면 시민들의

독서습관을 키우고, 독서율을 끌어올리는 방안을 모색해야 한다는 것은 정설이기에 더욱 심각하게 받아들여진다. 이런 가운데 인문역량을 강화할 가장 유력한 매체인 종이책을 소재로 재미있게 펼쳐지는 지역의 독서운동은 눈길을 끌기에 충분하다. 필자도 참여했던 독서운동 세 가지를 소개하고자 한다.

2019년 10월, 동대구역 광장에서는 '대구 울트라독서마라톤대회'가 열렸다. 토요일 낮 12시 종소리로 시작된 울트라독서마라톤대회에는 독서 마니아 180여 명이 참가한 가운데, 일요일 낮 12시까지 이어졌다. 순위 경쟁 없이 완주가 목표인 이 행사는 50분간 독서, 10분간 휴식이 24시간 반복되는 방식으로 진행됐다. 등번호가 붙은 티셔츠를 입은 참가자들은 1인용 책상에 앉아 자신이 가져오거나 행사 주최 측에서 제공한 책을 읽는 데 몰두했다.

경기 방식은 책에서 시선이 1분 이상 벗어난 경우, 눈을 감고 1분이 경과한 경우, 책상에서 15초 이상 일어선 경우, 지정된 시간 이외에 휴대폰을 사용한 경우에 경고를 받았다. 경고를 세 차례 받으면 실격됐다. 이날 일본에 큰 피해를 입힌 태풍 '하기비스' 때문에 바람이 불고 날씨도 쌀쌀했지만, 24시간 풀코스를 완주한 50명이 메달을 목에 걸었다.

앞서 책을 매개로 대구의 미래인 '청년후배'들과 40

대 이상 '청춘선배' 들이 소통하는 '책으로 마음잇기' 는 대구시 북구 대현동 경북대 서문 근처 '다온나그래' 에서 열렸다. 대구시청년센터가 마련한 이곳은 대구 청년이라 면 누구나 무료로 차를 마시고, 회의를 열고, 공부할 수 있 는 공간이다.

행사는 지역출판사인 학이사를 중심으로 4월 23일 '세계 책의 날' 을 맞아 100일간 책을 추천하고 기부하는 '책으로 마음잇기, 책으로 세대잇기' SNS 캠페인에 참여 했던 선배들이 후배들과 직접 만나는 자리였다. 이날 SNS 캠페인에 참여했던 선배 64명 중 일부와 청년 40여 명이 만나 책을 선물하고, 모둠별로 주제를 정해 대화를 나눴 다.

주제 중에는 필자가 도저히 짐작할 수 없는 'JMTGR' 도 있었다. 포털사이트 검색엔진을 통해 확인한 바로는 '존맛탱구리' 란 뜻으로 쓰이는 젊은이들 사이의 신조어 라고 한다. 어찌 됐든 대구의 선배와 후배들이 책을 계기 로 이해하고 소통할 수 있는 기회였다.

여행지에서 책을 읽으며 여유롭게 쉰다는 뜻을 지닌 '북스테이' 도 9월 말 수성못 상화동산에 등장했다. 수성 못페스티벌의 일환으로 올해 처음 등장한 북스테이는 '책 과 함께 머무는 축제 속 쉼터' 란 콘셉트 아래 3일간 운영 됐다.

범어도서관, 용학도서관, 고산도서관 등 3개 수성구립 도서관이 보유한 책 1,500여 권이 상화동산으로 옮겨진 '야외도서관'과 함께, 지역출판사와 동네책방이 내놓은 책으로 꾸며진 '야외책방'이 그것이었다. 행사장을 찾은 시민 누구나 잔디광장에 설치된 해먹, 그늘막, 큐브상자, 매트, 의자 등을 이용해 가족 또는 이웃들과 책과 함께 가을을 즐겼다.

독서의 달,
코로나19 유감

2020년 9월, '독서의 달'을 맞아서도 수도권발發 코로나19 재확산으로 인한 여파가 지속되었다. 전국적으로는 격상된 사회적 거리두기 2단계 방역조치가 연장된 상태였다. 수도권에서는 2.5단계 방역조치가 1주일 더 연장됐으며, 대구의 방역대책 수위는 2단계보다 더 강화된 '대구형 사회적 거리두기 2단계'가 유지되고 있었다. 9월 말 시작되는 추석연휴 5일간에도 가급적 고향 및 친지 방문을 자제할 것을 정부가 권고하기에 이르렀다.

대구지역 공공도서관들은 8월 말 정부의 사회적 거리두기 2단계 발령과 동시에, 또 다시 임시휴관에 들어갔다. 코로나19 사태 속에서도 책을 읽으려는 주민과의 접촉을 최소화한 '북 워크 스루Book Walk Thru' 대출서비스를 제외한 오프라인 서비스는 전면 중단된 것이다. 반면에 온라인 서비스는 강화되었다. 기존에 오프라인 방식으로 진행되던 강연이나 전시 등 각종 서비스가 영상 콘텐츠로 제작돼 유튜브에 업로드되거나, 실시간 스트리밍 방식 또는 실시간 화상회의 방식으로 제공되었다. 물론, 온라인 전환이 불가능해 포기할 수밖에 없는 오프라인 서비스도 적지 않았다.

가장 타격이 큰 대목은 9월 '독서의 달'을 기념하기 위해 기획된 이벤트였다. 예년 같으면 공공도서관이 책과 독서를 소재로 지역사회의 플랫폼 역할을 수행한다는 차원에서 지역주민들과 부대끼면서 다양한 독서문화축제를 벌였을 텐데, 코로나19 사태로 인한 사회적 거리두기 때문에 맥이 풀려버렸다.

필자가 근무하는 도서관에서도 매년 4월 도서관주간과 세계 책의 날을 기념하기 위해 열렸던 '우리 마을 책나눔축제'가 9월로 한 차례 연기됐으나, 코로나19가 다시 확산되는 바람에 이마저 취소할 수밖에 없었다. 아쉽게도 도서관 일대에서 지역주민 1,500여 명과 함께할 수 있는 기회 자체가 사라져버린 것이다.

전국적으로도 마찬가지였다. 국내 최대 규모의 독서문화축제인 '대한민국 독서대전'이 9월 4일부터 6일까지 제주시 신산공원 일대에서 성대하게 열릴 예정이었다. 그러나 코로나19 재확산 탓에 행사 공간을 분산하고, 운영 방식을 바꿔 10월 31일까지 온라인 중계방식으로 진행되었다. 독서대전을 유치해 행사 준비에 전념한 제주시 입장에서는 예년보다 고생은 고생대로 더 많이 하고, 성과는 불확실하기 때문에 속이 상했을 것이 분명하다. 행사 개막을 며칠 앞둔 시점까지 사회적 거리두기 방역수칙을 준수하는 개막행사를 어떻게 치를지 고민에 고민을 거듭한 것으로 알려졌다.

코로나19 팬데믹 상황에서는 어쩔 수 없는 것이 받아들여야 할 현실이다. 대한민국 독서대전을 소개하는 기사에 언급된 제주시 관계자의 발언에서도 서운한 감정이 읽힌다. "방역수칙에 따라 행사를 진행, 코로나19 이후 책축제의 새로운 모델을 제시할 것"이라며 "온라인을 통해서라도 많은 분이 참여해 팬데믹 시대, 새로운 사회 환경에 맞는 언택트 힐링 독서여행이 되길 기대한다."고 밝힌 것이다.

'2020 대구수성 한국지역도서전'을 준비한 수성구의 경우도 이와 다르지 않았다. 당초 5월 22일부터 24일까지 열릴 예정이었던 2020년 한국지역도서전 일정은 코로나19 사태로 10월 16일부터 18일까지로 변경됐다. 그뿐만이 아니다. 당초 계획에서는 수성못 상화동산 일대에서 오프라인 중심으로 설계됐으나, 결국에는 온라인과 오프라인을 선택하는 하이브리드 방식으로 열렸다.

어렵사리 유치한 전국 단위 책축제이자, 독서문화축제인 한국지역도서전을 계기로 대구와 수성구의 문화 정체성을 정립하려는 수성구의 의지가 위축될까 우려되었다. 대구시민이 가장 많이 찾는다는 수성못 일대에서 수성구민과 대구시민은 물론, 책과 독서를 사랑하는 전국의 지역출판 관계자들이 함께 모일 수 있는 기회가 원천적으로 봉쇄됐기 때문이었다.

하지만 항상 위기는 기회였다. 오프라인에서 표현하려던 의도가 충분히 담긴 영상 콘텐츠를 제작함으로써 포스트 코로나 온라인 시대를 미리 대비하는 계기가 될 수도 있었다. 언택트un-tact를 넘어 온택트on-tact 독서문화축제의 새로운 모델을 제시하는 기회를 만든 것이다.

우리나라 책의 날과
독서문화

　10월 11일은 '책의 날'이다. 대부분의 사람들이 매년 4월 23일 '세계 책과 저작권의 날'은 알지만, 우리나라에서 제정된 '책의 날'은 모르고 있다. 2020년 책의 날은 34회째다. 책의 날 기념식의 주요 행사는 출판문화 발전에 기여한 유공자들에게 훈장과 대통령 표창 등을 시상하는 것이다. 책의 날이 출판계의 기념일로만 치러지면서 시민들에게 외면당하는 느낌을 지울 수 없는 사실이 안타까울 따름이다.

　책의 날은 사단법인 대한출판문화협회에 의해 1987년 제정됐다. 책의 소중함과 책 읽는 즐거움을 널리 일깨우기 위해 기념일을 정하자는 제안에 따라 출판학계, 서지학계, 도서관계, 출판계, 언론계를 대표한 전문가 11명으로 구성된 위원회가 책의 날 제정을 추진했다. 위원회는 팔만 대장경 완성일인 10월 11일과 고려 국자감 서적포 설치일 인 4월 11일 중에서 기념일을 제정하자는 안을 두고 각계 각층에 설문조사를 벌였다. 그 결과, 팔만대장경 완성일이 절대 다수를 차지했다.

10월 11일을 책의 날로 정한 이유는 당시 책의 날 선 언문으로 채택된 '책의 날을 받드는 글'에도 잘 나타나 있 다. "책은 마음의 밭을 갈아 생각의 깊이를 더하고, 슬기 의 높이를 돋운다."로 시작된 선언문은 "이에 우리는 책의 가없는 뜻을 알리고, 크나큰 고마움을 기리도록 우리의 자 랑인 팔만대장경이 나온 시월 열하룻날을 책의 날로 받든 다."로 마무리된다. 2007년 유네스코 세계기록유산으로 등재된 팔만대장경이 우리나라의 출판문화를 대표한다는 점을 강조한 것이다. 팔만대장경은 현재 남아있는 대장경 가운데 가장 오래된 것일 뿐만 아니라, 체재와 내용도 가 장 완벽한 것으로 평가되고 있다.

국보 제32호인 팔만대장경 경판은 합천 가야산 해인 사에 소장돼 있는 재조再雕대장경 경판이다. 고려 고종 19 년(1232년) 몽골의 침입으로 대구 팔공산 부인사에 봉안되 어 있던 초조初雕대장경 경판이 불타버리자, 1237년 불력 으로 몽골군을 물리치고자 대장경 경판을 다시 판각하는 대역사를 시작한 지 16년 만인 1251년 9월 25일(양력 10월

11일)에 완성됐다. 각수들이 한 글자 한 글자 새길 때마다 세 번씩 절을 했다고 할 정도로 온갖 정성을 다해 만들어졌다. 81,258매의 경판에 84,000개의 법문이 실려 있어 팔만대장경이라고 불린다. 팔만대장경 경판이 보존돼 있는 해인사 장경판전은 1995년 유네스코 세계문화유산으로 지정됐다.

반면 '세계 책과 저작권의 날'은 우리나라 '책의 날' 보다 8년 늦은 1995년 유네스코 총회에서 제정됐다. 유네스코는 이를 계기로 독서 및 출판을 장려하고, 저작권 제도를 통해 지적소유권을 보호하는 국제적인 노력을 기울이고 있다. 날짜가 4월 23일로 결정된 것은 책을 사는 사람에게 장미꽃을 선물하는 스페인 카탈루니아 지방의 축제일인 '성壁 조지의 날(St. George's Day)'과 1616년 세르반테스와 셰익스피어가 동시에 사망한 날이 이날인 데서 유래됐다.

현재 스페인을 비롯해 80여 개 국가에서 이날을 기념하고 있다. 스페인에서는 책과 장미의 축제가 동시에 펼쳐지고, 영국에서는 이날을 전후해 한 달간 부모들이 잠자리에서 자녀들에게 20분씩 책을 읽어주는 독서캠페인을 벌이고 있다. 국내에서도 2012년 '독서의 해'를 맞아 책을 선물하는 문화를 정착하기 위해 문화체육관광부 주최의 공모를 통해 이날의 애칭을 '책 드림 날'로 정했다.

'책 드림'은 '책을 드린다'란 뜻과 함께, 영어 'Dream'으로 '책에서 꿈과 소망, 희망을 찾는다'란 의미가 함축돼 있다.

문제는 '책의 날'이든 '세계 책과 저작권의 날'이든 독서문화를 진흥하고자 제정됐지만, 하향곡선을 그리는 우리나라의 독서통계는 회복될 기미를 보이지 않는다는 점이다. 통계청이 발표한 '2019년 사회조사 결과'에 따르면 13세 이상 인구 중 독서인구 비중은 50.6%로, 2013년 이후 계속 감소하고 있다. 또한 독서인구 1인당 평균 독서 권수는 14.4권으로, 최근 10년 이래로 가장 낮았다.

게다가 출판시장은 양극화가 심화되고 있다. 대한출판문화협회가 발표한 '2019 출판시장통계'에 따르면 주요 출판사는 예상을 웃도는 실적을 거뒀고, 대형 온·오프라인 서점도 괜찮은 실적을 올렸다. 그러나 지역출판사를 포함한 소규모 출판사와 오프라인 기반의 중소형 지역서점은 역성장을 한 것으로 나타났다.

아무쪼록 10월 16일 개막된 '2020 대구수성 한국지역 도서전'을 통해 지역출판의 가치가 시민들에게 인식돼 우수한 지역의 기록이 생산되고, 독서문화가 확산되길 소망한다.

'세계 책의 날'을
생각한다

4월 23일은 '세계 책의 날'이다. 정식 명칭은 '세계 책과 저작권의 날(World Book and Copyright Day)'이다. 국제 연합 교육과학문화기구(UNESCO)가 독서 진흥, 도서출판 장려, 저작권 보호를 촉진하기 위해 스페인의 요청으로 1995년 열린 28차 유네스코 총회에서 제정했으며, 다음해 부터 전 세계적으로 매년 실시되는 기념일이다.

2021년 26회째를 맞이하는 책의 날에 문화체육관광부 와 한국출판문화산업진흥원은 4월 23일 파주출판도시 아 시아출판문화정보센터에서 기념식을 열고, 책과 장미를 선물하는 '책 드림' 행사에 당첨된 시민 423명과 화상회 의 시스템으로 대화를 나눴다.

대구에서도 '세계 책의 날'을 기념하는 행사가 지방

자치단체와 민간 차원에서 진행되고 있다. 대구시는 지역 서점과 시민들의 독서활동을 장려하기 위해 다른 지역에서 실시하고 있는 지원사업보다 더 적극적인 방안을 찾아냈다.

몇몇 다른 지역에서는 서점에서 책을 사서 읽은 뒤 도서관에 반납하면 책값의 상당 부분을 되돌려주는 지원책을 펼치고 있다. 이 경우 시민들이 베스트셀러 위주로 책을 선택하기 때문에 도서관 입장에서는 같은 책이 밀려드는 문제가 발생한다. 하지만 대구의 경우 도서구입비를 지원함으로써 시민들은 자신이 선택한 책을 반납하지 않고 소장할 수 있기 때문에 지원사업의 실효성이 높은 것으로 평가된다.

지역의 한 출판사와 북카페에서도 '코로나19 퇴치 기원 및 2021 세계 책의 날 기념 향토작가 4+23 초대 도서전'을 열었다. '4'에 해당하는 전시도서는 지난해 코로나19가 대구에서 기승을 부리던 상황을 기록한 4종의 도서였으며 시, 산문, 아동문학, 인문, 소설 분야의 지역작가 23명이 쓴 책의 표지가 전시되었다. 전시 개막일인 '세계 책의 날'에는 지역작가들을 대표한 4명이 북토크를 진행했으며, 전시장을 찾는 시민 27명에게 선착순으로 장미꽃 한 송이씩을 선물했다.

이밖에도 지역에서 세계 책의 날을 기념하기 위해 열

리던 '대구, 책으로 마음잇기' 행사가 2020년에는 코로나 19 사태로 취소됐지만, 2021년에는 이 행사를 잊지 말자는 뜻에서 소규모로 진행되었다. 슬로건은 '책으로 마음잇기, 책으로 세대잇기'였다. 책을 통해 시민들이 서로 마음을 잇고, 지역 선배인 기성세대와 후배인 청년들이 서로 마음을 잇자는 의도였다.

코로나19 사태가 극성을 떨면서 집에 머무는 시간이 많아지자, 책을 찾는 시민이 늘어나는 분위기다. 비대면 시대에 책의 가치를 되새겨보기 위해 1995년 제28차 유네스코 총회에서 채택된 '세계 책의 날' 제정 결의안 중 일부를 소개한다. 디지털 대전환이 아무리 진행되더라도 그 가치가 떨어질 수 없는 책을 상찬하는 내용이다.

"유네스코 총회는 역사적으로 인류의 지식을 전달하고, 이를 가장 효과적으로 보존하는 데 있어 큰 역할을 해온 책의 중요성을 인식한다. 또한 도서의 보급이 독자뿐 아니라, 문화적 전통에 대한 사람들의 인식을 발전시켜 이해, 관용, 대화를 기초로 한 사람들의 행동을 고무시킨다는 점을 인정한다. 이에 현재까지 국제적으로 책의 날을 제정하지 않았음을 인식해 4월 23일을 '세계 책과 저작권의 날'로 제정한다."

도서관주간

매년 4월 12일부터 18일까지 1주일간은 '도서관주간'
이다. 2021년에 57회를 맞았다. 한국도서관협회는 도서관
의 가치와 필요성을 적극 홍보함으로써 지역주민들이 도
서관을 왕성하게 이용하는 계기를 마련하고자 1964년 도
서관주간을 정하고, 매년 같은 기간에 전국의 각종 도서관
들과 함께 다양한 활동을 전개하고 있다. 그동안 도서관주
간은 1967년 대통령선거와 국회의원선거 때문에 운영되
지 않은 경우를 제외하고는 한 해도 거르지 않고 이어졌
다.

도서관주간은 명실공히 도서관과 이용자의 축제기간
이다. 이 때문에 설립 주체에 따라 국립·공립·사립도서
관으로, 설립 목적에 따라 공공·대학·학교·전문·특수도

서관으로 구분되는 전국의 각종 도서관들은 매년 다채로운 행사를 마련해 도서관주간을 축하하고 있다. 2021년도 코로나19 확산을 방지하기 위한 사회적 거리두기를 유지한 채 도서관주간 행사를 통해 코로나19 사태의 장기화로 지치고 힘든 국민을 위로하고 있다.

제57회 도서관주간을 앞두고 공모를 통해 선정한 공식주제와 공식표어에도 코로나19 사태의 영향이 그대로 반영돼 있다. 공식주제는 '당신을 위로하는 작은 쉼표 하나, 도서관' (인천 수봉도서관)이 선정됐다. 또 공식표어로는 '도서관, 책을 다독! 내 삶을 다독다독!' (대구 용학도서관)과 '집콕 중인 당신, 도서관이 희망이 되어 드릴게요' (박현희)가 선정됐다.

다른 해의 표어와는 다른 느낌이다. 2020년 공식주제로 선정된 '도서관 책 한 권, 세상을 테이크아웃하다' (대구 구수산도서관)는 대구가 코로나19 사태의 확산지가 된 상황에서 도서관의 문을 닫고 폐가제 대출방식인 '북 워크 스루'를 운영하던 모습을 담아냈다. 또 2019년 선정된 '도서관, 어제를 담고 오늘을 보고 내일을 짓다' (달성군립도서관)에서는 평상시의 도서관 모습이 평화롭게 그려진다.

전국적으로도 2021년에는 긍정적인 변화가 있었다. 2020년까지 민간단체인 한국도서관협회 주도로 도서관주간이 운영됐지만, 올해부터는 대통령 소속 도서관정보정책위원회와 국립중앙도서관이 조직위원회를 함께 구성해 제57회 도서관주간 기념행사를 추진하면서 대국민 홍보를 강화하고 있다.

국회에서의 입법 움직임도 긍정적이다. 도서관주간 첫날인 4월 12일을 국가기념일인 '도서관의 날'로 정하고, 도서관주간을 정부가 운영한다는 내용을 담은 도서관법 전부개정안이 3월 말 국회 소관 상임위원회인 문화체육관광위원회를 통과했다. 도서관주간의 위상이 달라지는 것이다.

이 밖에도 도서관법 전부개정안에는 도서관의 구분을 체계화하고, 공공도서관 설립을 위한 사전절차를 도입하고, 국립 및 공립 공공도서관은 사서 및 자료 기준에 맞춰 등록할 것을 의무화하고, 공립 공공도서관에 한해 관장을 사서직으로 임명하도록 의무화하는 등의 내용이 포함돼 있다.

한편 우리나라 도서관주간의 유래를 살펴보면 미국의 도서관운동에서 자극을 받은 것으로 확인된다. 한국도서관협회가 1964년 발표한 도서관주간 취지문에 따르면 "우리나라에서 처음이며, 미국에서는 금년도 행사를 합하여 7회째"라면서 "미국에서는 독서의 상징을 열쇠(Reading is the Key)로 표시하는데, 그 이유는 다음의 세 가지를 들고 있다."고 소개했다. 첫째는 기회를 얻을 수 있는 열쇠이며, 둘째는 보다 나은 세계로 향하는 열쇠이며, 셋째는 사물에 대한 올바른 이해와 적정한 판단을 내리게끔 돕는 열쇠라는 설명이다.

이와 함께 취지문은 지금 적용해도 손색이 없는 도서관의 가치를 적었다. "도서관주간은 책과 도서관의 봉사가 개인의 일상생활에 끼치는 중요한 영향력을 환기시키는 동시에, 도서관이 그 국가의 문화와 교육발전에 대단히 중요하다는 것을 널리 인식시키고, 국민의 독서를 도와주는 커다란 행사"라면서 "국민의 생활에 있어서 도서관이란 무엇인가를 일반시민에게 이해를 촉진시키는 사회적인 운동"이라고 강조했다.

2021년 도서관주간을 맞아 다짐하는 한편, 소망하는 것이 있었다. 코로나19의 4차 확산이 우려되는 시점에 도서관을 찾는 시민들의 안전을 보장하기 위해 마스크 착용, 손 씻기, 사회적 거리두기 등 생활방역을 비롯해 도서관 소독과 환기 등 방역수칙을 더욱 철저하게 지킬 것을 다짐했다. 또한 '도서관의 날'이 하루빨리 국가기념일로 지정됨으로써 도서관이 시민역량 강화에 기여하는 한편, 시민 모두가 지적 자유를 향유할 수 있도록 지원하는 공간으로 자리매김하길 바랐다.

동시童詩가
필요한 이유

'빠꼼 빠꼼/ 문구멍이/ 높아간다.// 아가 키가/ 큰다.'

필자가 초등학교 5학년 때 담임을 맡으셨던 아동문학
가 김병규 선생님께서 들려주신 동시 '문구멍'의 전문이
다. 48년 전의 기억이지만, 그날 느꼈던 감동은 아직도 생
생하다. 창호지를 바른 문에 붙어 서서 침 묻은 손가락으
로 구멍을 뚫어대는 막내 동생의 모습이 눈앞에 그려지는
듯했다. 선생님께서 "아이가 자라는 순간순간의 모습을
문구멍으로 표현한 이것이 바로, 동시童詩다."라고 하셨던
말씀도 생생하다.

얼마 전 이 동시가 어떤 분의 작품인지 궁금해 인터넷
에서 검색한 결과, 1959년 상주초등학교 교사로 근무하던

신현득 시인이 조선일보 신춘문예에서 당선작 없는 가작으로 입상하면서 등단했던 작품이란 사실을 확인했다.

동시는 어린이다운 소박하고 단순한 심리와 정서를 바탕으로 어린이들이 이해할 수 있는 언어로 쓴 시이며, 어린이를 주요 독자로 삼는다. 엄격한 의미에서는 어른이 어린이를 위해 쓴 문학 장르지만, 일반적으로는 어린이가 쓴 시를 포함시키기도 한다.

동시의 가치를 몇 가지 언급하자면 어린이에게 감성과 상상력을 키워주며, 모국어의 아름다움을 느끼게 한다. 또한 자연 및 인간세계와 사물에 대한 직관력과 관찰력을 기르며, 자신의 감정을 자연스럽게 표현할 수 있는 능력을 길러준다. 이 때문에 동시는 어린이 교육용으로 큰 의미가 있는 문학 장르로 평가되고 있다.

필자가 근무하는 도서관에서는 겨울방학을 맞아 어린이를 위한 기획 프로그램의 장르를 동시로 정했다. 2019년 하반기부터 진행된 국비 공모사업인 '도서관 상주작가 지원사업- 동시愛 물들다'의 연속선상에서 동시캠프와 동시콘서트를 마련하고, 동시집을 펴낸 것이다. 올해의 상주작가가 아동문학가 임창아 시인이었기 때문에 가능했다.

이 같은 겨울방학 기획의 계기는 2019년 11~12월 어린이 20명을 대상으로 운영한 동시교실인 '동시놀이터'

에 참여한 어린이들의 반응이 기대 이상으로 좋았기 때문이다. 필자와 만난 몇몇 학부모는 "기존에 다니던 학원을 포기하고, 동시놀이터에 참석했다."면서 "아이들이 너무 즐거워한다. 동시 프로그램을 계속 마련해 달라."고 요청하기도 했다. 같은 해 9~10월 성인 20명을 대상으로 진행한 동시교실인 '동시多방'에 함께한 어른들도 동아리를 만들 정도로 반응이 좋은 편이었다.

겨울방학 기획의 하이라이트는 '동시 헤는 밤'이라고 이름 붙인 동시콘서트였다. 동시콘서트에는 아동문학가인 송찬호 시인이 초청됐다. 송 시인은 "어린이는 아직 자라지 않은 어른이 아니다. 그들만의 반짝이는 세계가 있다. 동시는 동심을 바탕으로 어린이다운 상상력과 언어가 만나 신나게 뛰어노는 운동장"이라고 강조했다. 이어 현악4중주 축하공연과 어린이들의 자작 동시 낭송, 청중을 대상으로 한 삼행시 짓기 순으로 행사가 진행됐다.

어린이들의 자작 동시 낭송에서는 '동시놀이터'와 설 연휴를 앞두고 진행된 '북(book)두칠성 동시캠프'에 참가한 어린이 시인 18명이 무대에 섰다. 어린이들이 시를 낭송하면 시청각실을 가득 메운 청중 100여 명이 박수로 응원했다. 어린이들이 쓴 동시는 이날 '구름이 엉금엉금'이란 이름의 동시집으로 만들어 어린이들에게 나눠주었다. 동시집에는 어린이 34명이 쓴 동시 56편이 실렸다.

용학도서관이 내세우는 슬로건 중에 '시 흐르는 우리 마을'이 있다. 도서관이 자리한 지역사회에 시가 늘 흘렀으면 하는 바람을 표현한 것이다. 이를 위해 시와 동시 강좌는 물론, '시詩 라키비움'을 운용하고 있다. 또한 매년 가을 지역 어린이들이 참여하는 '우리 마을 동시암송대회'도 열고 있다.

인공지능(AI)으로 상징되는 4차 산업혁명 시대에 진입한 오늘날, 인간의 일자리를 AI에게 빼앗길 것을 우려하는 목소리가 커지고 있다. 그런 만큼 미래의 주역인 어린이들이 동시를 통해 상상력, 창의력, 감성 등 인간만이 수행할 수 있는 능력을 길러야 한다. 인간이 AI에게 지배당하지 않기 위해서라도 기계가 수행할 수 없는 영역을 강화해야만 하는 것이다.

디지털 정보격차
해소를 위하여

코로나19 사태를 겪으면서 'IT(정보기술) 강국'이란 미명에 사로잡혀 제대로 살펴보지 못한 취약점이 그대로 드러났다. 코로나19 방역을 위해 마스크를 사려던 50대 이상 장·노년층이 집밖에도 나오지 못한 채 자녀들의 도움만 기다려야 하는 상황이 발생했다. 코로나19 사태가 '디지털 대전환'을 가속화하는 바람에 아날로그 세대인 장·노년층의 부족한 디지털 기기 활용능력이 '디지털 정보격차'로 적나라하게 노출된 것이다.

미국 시장조사기관인 퓨 리서치가 2019년 세계 27개국을 대상으로 조사한 결과, 스마트폰을 사용하는 사람들의 비율이 가장 높은 국가는 우리나라로 나타났다. 우리나라의 휴대전화 보급률은 100%로 조사됐고, 이 가운데 스마트폰 사용자들이 95%를 차지해 조사 대상 국가들 중에서 스마트폰 보급률이 가장 높았다. 27개 국가의 평균치보다 20% 포인트 이상 차이가 날 정도였다.

과학기술정보통신부와 한국정보화진흥원이 2018년 실시한 '디지털 정보격차 실태조사'에 따르면 중·노년층의 디지털 접근성과 활용능력에 큰 차이가 있는 것으로 드러났다. 디지털 기기 보유실태와 인터넷 접속여부 등 디지털 접근성에서 살펴보면 일반 국민의 접근성을 100으로 볼 때 장·노년층의 접근 수준은 90.1로 꽤 높은 편이었다. 하지만 컴퓨터와 스마트폰을 얼마나 활용할 수 있는지 역량을 평가해 보면 장·노년층의 활용능력은 50.0에 머물렀다.

인터넷쇼핑과 인터넷뱅킹에서는 장·노년층의 활용능력이 더욱 떨어진다. 디지털 기기 활용능력을 판단하는 기준을 전자상거래 이용으로 보는 학자가 많다. 인터넷쇼핑이나 인터넷뱅킹을 포함하는 전자상거래는 인터넷에 접속하고, 본인이 원하는 상품을 검색하는 것으로 끝나지 않는다. 거래를 할 수 있는 계정을 만들고, 결제방식을 이해하고, 개인정보를 제공하고, 인증절차를 거친 뒤 결제까지 마쳐야 전자상거래가 완성된다. 코로나19 사태와 같은 위기상황 속에서 집에 앉아서 전자상거래를 할 수 있어야지 디지털 기기를 제대로 활용하는 셈이다.

장·노년층이 디지털 기기를 다루지 못하는 것은 아니다. 장·노년층 대부분은 스마트폰과 PC로 인터넷 검색을 할 줄 알고, 카카오톡으로 메시지를 주고받으며, 유튜브로 동영상도 즐겨 본다. 디지털 기기로 콘텐츠를 소비하는 데 그친 것이다. 하지만 전자상거래를 비롯한 디지털 플랫폼 활용능력이 떨어진다는 것은 인정해야 할 대목이다. 더욱이 디지털 플랫폼 활용능력은 비대면 환경 속에서 생존에 반드시 필요한 능력이다. 다른 말로 표현하면 포스트코로나 시대의 시민역량인 것이다.

지금까지 정부의 정보격차 해소책은 '정보화교육' 이란 이름으로 저소득층과 노년층 등 취약계층을 한 자리에 모아 디지털 기기에 대한 접근성을 높이는 집합교육에 집중됐다. 디지털 기기로 정보를 얻는 수준에 그쳤던 것이다. 그러나 디지털 기기가 우리의 생활 속에 깊숙이 자리 잡은 오늘날에는 접근성만으로 정보격차를 해소했다고 할 수 없다. 이제는 디지털 기기로 의사결정을 하고, 경제활동의 영역을 넓히고, 삶의 질을 높여야 하는 시점이기 때문이다.

이젠 디지털 기기 활용능력이 정보 취약계층을 구분하는 기준으로 대두됐다. 디지털 정보격차를 해소하지 못하면 사회·경제적으로 양극화가 더욱 심하게 되는 시대를 맞이하게 됐다. 이 때문에 정부가 전 국민의 디지털 역량강화를 위한 교육에 나서겠다고 선언한 것으로 해석된다. 지금이라도 정부가 발 벗고 나선 것은 다행한 일이지만, 서둘러야 할 '디지털 리터러시Digital Literacy' 교육이다.

'사람도서관'과
지역공동체

'용학이네 사람책방에 사람책을 모십니다.'

도서관 주변에 내걸린 현수막의 내용이다. '용학이네 사람책방'은 용학도서관에서 운영되는 '사람도서관'의 이름이다. 사람도서관은 '사람책'으로 구성된 도서관이다. 사람이 책과 마찬가지로 콘텐츠를 담고 있다는 발상에서 시작된 신개념 도서관이다. 사람책은 종이책이나 전자책과 마찬가지다. 도서관 안에서 읽을 수도 있고, 도서관 밖으로 빌려가서 읽을 수도 있다는 개념이다.

사람도서관의 기원은 20년 전쯤으로 거슬러 올라간다. 덴마크의 사회운동가인 로니 에버겔Ronni Abergel이 2000년 열린 한 뮤직페스티벌에서 이벤트로 시도한 것이 시초다. 이용자가 원하는 사람을 빌려주는 프로그램인

'Living Library(살아있는 도서관)'가 그것이다. 당시 덴마크의 청소년폭력방지 비정부기구(NGO)에서 활동하던 그는 사람책을 통해 소통과 대화의 장을 마련하고, 사람들 사이의 편견과 고정관념을 허물기 위해 사람도서관을 시도했다고 한다.

에버겔은 2014년 국회도서관과 희망제작소의 초청으로 한국을 방문하기도 했다. 한 신문에 실린 인터뷰 기사를 살펴보면 그는 친구 네 명과 함께 사람도서관을 고안했다. 목적은 일상적이지 않은 종교, 성적 취향, 인종, 직업 등을 가진 사람책을 통해 편견과 선입견을 없애자는 취지에서였다.

그는 인터뷰에서 "사람도서관은 동성애자, 무슬림, 이민자 집단 등 사회적 소수자들과 지역사회 시민들 사이의 벽을 무너뜨림으로써 인간적인 관계를 형성할 수 있도록 돕고, 갈등을 해소해 사회통합에도 기여한다."고 설명했다.

그는 1993년 덴마크의 수도 코펜하겐에서 파티에 가던 자신의 친구가 칼에 찔려 숨진 뒤 '스톱 더 바이올런스'란 비폭력 운동을 시작했다고 한다. 그는 "사소한 싸움에 휘말린 친구가 왜 그렇게 무참히 죽어야 했는지, 극단적인 범죄를 막으려면 사회가 어떤 노력을 기울여야 하는지 고민하기 시작했다."고 밝혔다. 그 해결책으로 고안한 것이 바로, 사람도서관이다. 갈수록 다원화되는 사회가 안고 있는 구성원들 사이의 갈등을 해소하고, 와해된 공동체를 복원하기 위한 시민운동으로 시도한 것이다.

용학이네 사람책방은 에버겔의 의도에 초점이 맞춰져 있다. 사람책이 거대 담론을 거론하기보다, 자신의 이웃과 소통하고 경험이나 삶의 지혜를 나누도록 유도함으로써 지역공동체를 강화하는 데 집중하고 있다.

나누고 싶은 지혜와 경험이 있는 사람이라면 성별, 나이, 직업 등과 관계없이 누구나 사람책으로 등록할 수 있으며, 한 달 단위로 사전에 안내되는 사람책을 만나고 싶은 주민도 누구라도 매주 금요일 오후 4시 30분 용학도서관을 찾으면 된다. 사람책을 직접 만나지 못한 이들은 유튜브 용학도서관 채널에 업로드된 영상콘텐츠를 통해 사람책을 만날 수 있다. 영상 제작과 공유에 동의하는 사람책 영상은 2019년부터 제공되고 있다.

유명인도 아닌 보통 사람의 이야기를 누가 듣겠느냐는 우려도 없지 않았지만, 코로나19 사태로 대면 모임이 불가능한 때를 제외하고는 2018년 6월부터 지금까지 쉼 없이 매주 진행되고 있다. 이때까지 평범한 이웃 100여 명이 재능나눔 차원에서 사람책으로 등장해 지역주민들과 소통했다. 도서관에서 제공하는 사례는 감사장과 자그마한 기념품뿐이지만, 대부분 사람책은 이웃과 소통하면서 보람을 느꼈다고 입을 모으고 있다.

　사람도서관이 오래 지속되는 힘의 근원은 대화다. 사람책이 자신의 전문적인 지식과 정보를 일방적으로 전하는 것이 아니라, 대화를 통해 지역주민들과 평범하지만 가치 있는 삶을 공감하기 때문이다. 지역주민이 청중에 머무는 것이 아니라, 사람책으로 등장하는 사례도 적지 않았다. 지역사회 주민들이 자신의 이야기를 이웃에게 풀어내는 사람도서관을 통해 지역공동체가 강화되길 소망한다.

도서관 사서의
보람

2021년 8월 21일(토)은 공공도서관에서 일하는 사서로서 보람을 느낀 날이다. 9월 '독서의 달'을 앞두고 참신한 지역작가들을 초청해 연 토크콘서트 첫 회부터 감동을 받았다. 주인공은 대구남산고 1학년 유수혁 군이다. 고등학교 1학년이 소설집을 냈다는 것도 칭찬해 줄 만한 일이지만, 유 군이 독서광이란 사실을 확인했기에 독서문화 진흥을 사명의 하나로 여기는 공공도서관 사서로서 뿌듯했다. 더불어 '독서의 달' 기획이 주효했다는 보람도 느낄 수 있었다.

유 군에 대해서는 올 봄 신문기사를 통해 알게 됐다. 고등학교 1학년이 대구시교육청 책쓰기 프로젝트로 소설집을 냈다는 기사를 읽고 특이하다고 생각했다. 에세이나 기행문 등 비교적 가볍게 쓰고 부담 없이 읽을 만한 글을 책으로 묶는 것이 요즘 추세이기 때문이다. 게다가 통상 대학입시를 대비해 학원에 다니기도 바쁠 고등학생이 많은 시간과 노력이 드는 소설집을 냈다는 사실에 호기심이 일기도 했다. '간결한 문장과 흥미진진한 스토리 라인, 깜짝 놀랄 반전까지 소설의 흥행요소를 모두 갖췄다'고 평한 기사 내용에도 구미가 당겨 유 군을 초청하게 됐다.

소설집 제목은 『아몬드 크루아상 실종사건』이다. 이 책에는 소설집의 제목으로 삼은 대표작 「아몬드 크루아상 실종사건」과 「어느 시간여행자의 모험」이 실려 있다. 첫 번째 작품은 주인공 '나셜록'이 애지중지하며 냉장고에 넣어둔 아몬드 크루아상이 없어지자, 범인을 찾아가는 스토리다. 작가의 추리력과 과학적 지식이 총동원된 이 소설에서는 주인공의 사건 해결 과정이 흥미진진하게 그려진다. 두 번째 작품은 고생물학자이자 고고학자인 주인공 '나'가 인류에게 다가올 절망을 해결하기 위해 차원이동 프로젝트의 선발대로 참여하면서 펼쳐지는 모험을 담았다.

그런데 놀라운 사실은 지난 토요일 토크콘서트에 앞서 확인됐다. 무대에 오르기 전 유 군을 만났을 때 초등학교 4학년이던 2016년 용학도서관에서 '책 읽는 가족'으로 선정됐다는 이야기를 들었다. 한국도서관협회가 주최하고, 단위 도서관이 주관하는 '책 읽는 가족' 은 가족 단위 독서운동을 장려하기 위한 캠페인성 행사다. 지난 한 해 동안의 도서 대출량, 가족 참여도, 이용 성실도 등을 종합적으로 평가해 인증서를 수여하고 있다. 유 군 가족 모두가 독서를 즐기는 '책벌레' 란 사실이 확인된 것이다.

더 놀라운 이야기는 행사 중 유 군의 발언에서 나왔다. 유 군은 "초등학교 3학년부터 지난해 대구에서 코로나19 사태가 확산되는 바람에 도서관이 문을 닫기 직전까지 주말마다 도시락을 들고 용학도서관에서 책을 읽으며 살았다."고 말했다. 이어 'TGIL(Thanks God It's Library)'을 외쳤다. 미국인들이 주말의 해방감을 나타내는 'TGIF'를 도서관 버전으로 표현한 것이다. 이 대목에서는 소름이 돋았다. 도서관이, 독서가 한 인간의 삶을 어떻게 변화시켰는지 확인하는 순간이었다.

사회적 거리두기를 확보하기 위해 124석 규모의 시청 각실에서 40명 정원으로 진행된 행사에 참여한 독자들은 많은 질문을 던졌다. 책쓰기의 비법을 묻는 질문에 유 군은 "책을 많이 읽다 보니 자연스레 글을 쓰게 됐다."라면서 책 읽기와 글쓰기를 적극 추천했다. 소설에서 묘사된 과학지식은 평소 알고 있던 것이냐는 질문에는 "책에서 읽었던 내용을 소재로 활용했다."고 답했다. 또한 독서의 관심 주제에 대해서는 "과학과 곤충에 관심이 많았는데,

요즘 들어 이상사회에 대해 눈길을 돌리고 있다."면서 플라톤의 '국가론'을 소개하기도 했다. 존경하는 인물로는 애플 창업자인 스티브 잡스와 함께, '코스모스'를 집필한 천문학자인 칼 세이건을 꼽았다.

행사가 끝난 뒤 만난 유 군의 어머니도 대단한 분이란 느낌을 받았다. 학원을 비롯해 학습지조차도 과외공부를 시킨 적이 없다고 했다. 오로지 아들과 함께 도서관을 찾아 책 읽기에 전념했다는 것. 대부분의 부모들이 자녀에게 과외공부를 시키는 것을 보면서 흔들리지 않았는지 물어봤다. 그러자 "흔들린 적도 있었지만 확신을 가지고 있었고, 이젠 확인했다."고 힘주어 답했다. 마이크로소프트 창업자인 빌 게이츠가 "지금의 나를 있게 한 것은 어릴 적 우리 마을의 도서관이고, 하버드 졸업장보다 더 중요한 것은 독서하는 습관"이라고 한 발언과 같은 맥락이다.

새로운 노인상像,
신노인新老人 되기

'신노인新老人'이란 용어가 요즘 자주 등장하고 있다. '새로운 노인'을 뜻하는 신노인은 기존의 가치와 사고를 고집하기보다 빠르게 변화하는 사회에 적응해 사회적 역할을 마다하지 않는 노인을 뜻한다. 흔히 하는 말로 '꼰대'가 아닌 우리 사회의 진정한 '어르신'이다. 초고령사회 진입을 앞둔 우리나라의 노인문제를 극복하기 위한 캠페인으로 받아들여진다.

필자가 근무하는 도서관은 노인인구가 많은 지역사회의 특성을 살리기 위해 2018년부터 '신노인교실' 또는 '신노인포럼'이란 제목으로 매년 강좌를 진행하고 있다.

2019년에는 범물노인복지관 및 주민단체와 함께 일본 오키나와의 세계 최장수 마을 어르신들을 초청하는 해외

교류도 시도했다. 2021년에는 강연과 체험으로 구성된 '새로운 노인상像, 신노인 되기'를 9월부터 11월까지 운영한다. '60+책의 해' 추진단이 주최하고, 한국도서관협회가 주관하는 공모사업인 '60+ 책 마실 가세' 시범사업이다.

'신노인'은 일본에서 가장 존경받는 의사인 히노하라 시게아키〔日野原重明〕박사가 2000년에 만든 신조어다. 2017년 106세로 세상을 떠난 히노하라 박사는 100세가 넘어서도 진료를 계속하면서 환자의 마음까지 보듬어준 평생 현역이었을 뿐만 아니라, 사회운동가로도 존경을 받고 있다.

그는 일본에서 빠르게 진행된 고령화의 문제를 해결하기 위해 노인을 규정하는 나이를 65세 이상에서 75세 이상으로 연장할 것을 제안하면서 '신노인'이라고 정의했다. 그리고 '신노인회新老人會'를 조직해 회장직을 맡으면서 '신노인운동'을 시작했다.

일본에서는 노인이란 용어를 싫어해 '고령자高齡者'란 표현을 사용한다. 우리나라에서 '어르신'이란 표현을 사용하는 것과 비슷한 분위기다. 하지만 히노하라 박사는 이 같은 분위기를 정면으로 돌파하면서 '신노인'이란 신조어를 탄생시켰다. 노인이 사회의 보호를 받는 대상에서 사회에 봉사하는 주체가 되자는 취지라고 한다. 그는 생전에

"단 한 번뿐인 인생에서 가장 중요한 것은 돈과 명예가 아니라, '삶의 보람'을 느끼며 사는 것"이라고 강조했으며, "나이가 들어도 창조하는 일을 잊지 말아야 한다. 내 인생에 은퇴는 없다. 죽을 때까지 현역으로 뛸 것"이란 말을 남겼다.

필자가 '신노인'이란 용어를 처음 접한 시기는 4년 전쯤이다. 영남일보 편집국장과 사장을 지낸 김상태 전 구미1대학 교수를 오랜만에 만났을 때다. 그가 건넨 새로운 명함에는 이름과 휴대전화번호, 그리고 '신노인운동 활동가'란 생소한 직함이 인쇄돼 있었다. 이어 그가 펴낸 『화양연화의 길』이란 제목의 책을 접했다. 책에서 강조한 것도 '신노인'이었다. 책에서는 호기심을 잃지 않는 노인을 신노인으로 묘사했다. 저자는 "인생의 겨울인 노년을 더 유익하고 재미있게 보내려면 변화하는 세상과 보조를 맞춰나가는 것이 옳다."면서 신노인의 의미를 강조했다.

책 제목에 있는 '화양연화花樣年華'는 인생의 가장 아름답고 행복한 시절이란 뜻이다. 왕가위 감독이 연출하고 양조위와 장만옥이 주연한 영화와 함께, 방탄소년단의 앨범에 제목으로 쓰이면서 유명해졌다.

저자가 책 제목을 '화양연화의 길'로 정한 이유는 지난날 젊은 삶이 아니라, 앞으로 노년기의 삶을 가장 아름답고 행복하게 만들자는 의도다. 이를 위해 저자는 '신노

인'의 자세로 'Senident'를 제안했다. 'Senident' 란
'Senior' 와 'Student' 의 합성어다.

4부

지역사회와 도서관

가장 지역적인 것이
가장 세계적이다

문화 정체성文化 正體性이란 '어떤 문화가 다른 문화와 구별되는 고유한 특성'이다. 이는 같은 문화권에 소속돼 있는 구성원을 통해 공유되고, 그 집단의 동질성을 확보함으로써 구성원 전체의 화합과 통합을 이뤄내고, 자긍심을 갖도록 한다.

대구와 수성구는 문화사적으로 존재 의미가 우뚝한 도시였다. 하지만 안타깝게도 챙겨야 마땅한 문화사를 제대로 계승하지 못한 점이 있다. 이 때문에 다른 도시나 외국에서 어렵사리 대구와 수성구를 찾은 방문객에게 자랑할 만한 소재를 찾기 힘든 것이 현실이다.

대구는 고려시대부터 현대에 이르기까지 출판문화의 거점으로 작동하고 있다. 고려시대에는 거란족의 침입을 불력으로 막기 위해 제작된 초조대장경 경판이 팔공산 부인사에 봉안됐으며, 당시 인쇄도 이뤄졌다. 2011년 초조대장경 판각 1,000년을 맞아 동화사를 중심으로 복원사업이 진행되기도 했다.

조선시대에는 임진왜란 이후 대구에 경상감영이 상시 설치되면서 영영장판嶺營藏板을 제작해 영남권 전역을 대상으로 영영본嶺營本을 펴냈다. 영조 때는 왕명에 의해 100년 만에 금서에서 해제된 『반계수록』을 출판해 전국에 배포했다. 그 당시 흔적이 동구 옻골마을 백불암 고택에 '반계수록 최초 교정 장소' 란 안내문과 함께 남아 있다.

대구의 출판문화는 감영이 출판을 주도하다가 맥이 끊긴 다른 지역과 달리, 조선시대 이후에도 계속됐다. 관영 출판이 왕성했기 때문에 다른 지역보다 늦었지만, 1900년대 초반부터 재전당서포와 광문사 등 상업출판사들이 방각본坊刻本을 펴내면서 민영 출판을 이어갔다. 또 현대에 들어와서도 북성로와 침산동 등지에서 기계산업이 왕성했던 대구는 인쇄기계 제작의 메카로 부각됐다.

기계식 인쇄기를 수집하고, 그 인쇄기로 책과 명함 등을 만드는 프로그램으로 유명한 전북 완주 삼례문화예술촌 책공방에는 대구산産임을 증명하는 철제 라벨이 붙은 인쇄기가 상당수 소장돼 있다. 지금도 중구 남산동 인쇄골목과 대구출판인쇄정보밸리가 가동되고 있으며, 전국에서 유일한 지역 단위 출판지원기관인 대구출판산업지원센터도 존재한다.

아날로그 출판문화의 결과물인 문집을 통해 확인된 수성구의 문화 정체성은 조선 중기 문인인 계동 전경창 선생으로 거슬러 올라간다. 파동에서 나고 자란 계동 선생은 도산서원을 찾아 퇴계 이황의 가르침을 받은 뒤 자신의 집에 마련한 계동정사에서 대구 유림에 퇴계 성리학을 처음 전파하고, 대구 최초의 서원인 연경서원을 건립한 뒤 후학을 양성해 대구를 인재의 도시로 만든 인물이다.

특히 그는 자신의 문집인 '계동집'에 수록된 가헌家憲을 통해 "공부방에 책과 거문고, 활 이외에는 두지 말라."고 할 정도로 문무를 모두 중시한 선비였다. 이 같은 사실은 계동집은 물론, 낙재 서사원과 모당 손처눌 등 제자들의 문집을 통해 확인되고 있다.

계동 선생의 가르침은 임진왜란 때 왜군이 대구를 침범하자 낙재와 모당 등 제자들이 모두 의병장으로 활약하면서 지식인의 사회적 책무를 수행하게 만들었다. 이 정신은 항일 의병운동과 일제강점기인 1910년대 대한광복회와 의열단의 무장독립운동, 1940년대 반딧불 사건과 태극단 사건 등 학생독립운동으로 이어졌다. 이를 계승한 대구 정신의 정점은 우리나라 민주화운동의 효시인 2·28민주운동이다. 불의에 저항하고, 공동체의 안녕을 수호하기 위해 기꺼이 몸을 던지는 대구정신의 뿌리를 계동 선생한 테서 찾을 수 있다는 설명이다.

세계적 유행으로 선포된 코로나19 방역조치 때문에 세계화 현상이 주춤하면서 국제교역은 급격히 줄어들었지만, 세상이 아날로그에서 디지털로 바뀌는 추세를 뜻하는 '디지털 대전환(Digital Transformation)'은 가속화되고 있다. 이 때문에 오프라인에서는 국내시장을 주목할 수밖에 없게 됐고, 온라인에서는 세계시장에 내놓을 수 있는 지역성 또는 로컬리티Locality 개발에 주력해야 할 상황이 됐다.

지역성은 문화 정체성을 기반으로 한다. 그래서 대구와 수성구는 지금이라도 문화 정체성을 재정립해야 하는 것이다. "가장 지역적인 것이 가장 세계적이다." 란 구호와 함께, 글로벌과 로컬의 합성어인 '글로컬' 이란 용어가 설득력 있게 다가오는 요즘이다.

향토자료의
중요성

'그때 그 시절'

코로나19 사태로 문을 닫은 채 대출서비스와 온라인 프로그램을 제공했던 용학도서관이 2020년 6월 사회적 거리두기 방침을 준수한 채 부분적으로 도서관을 개방하면서 로비에서 이용자들에게 제공하고 있는 향토자료 전시회의 명칭이다. 이용자들이 도서관에 들어오면서 가장 먼저 접하는 공간에 향토자료를 전시한 이유는 코로나19로 불안해진 지역주민들이 심리적 안정을 찾았으면 해서다. 이와 함께 향토자료가 갖는 특성이 지역공동체 강화에 도움이 된다고 판단했기 때문이다.

개인적인 감회를 소개하자면 2018년 말 마련한 향토자료 전시회에서 감동적인 장면을 목격했다. 그해 향토자료 수집사업의 성과물인 사진과 구술채록집 등으로 '도서관, 우리 마을의 기억을 담다' 란 제목의 전시회를 열었다.

본인이 간직하고 있던 1960년대 초반 흑백사진 여러 장을 제공하고, 수성못과 주변 마을의 기억을 더듬어 구술채록에도 참여한 김수자 씨가 옛 친구 손정미 씨와 함께 어느 날 필자가 근무하는 도서관을 찾았다. 두 분은 김 씨가 향토자료로 내어놓은 여중생 시절 수성못에 소풍을 갔다가 교복 차림으로 다정하게 찍은 흑백사진의 주인공들이었다. 이날 두 분은 빛바랜 흑백사진을 배경 삼아 60여 년 만에 기념사진을 다시 촬영했다.

용학도서관이 수성못 관련 향토자료로 수집한 흑백사진은 1967년 앞산으로 이전하기 전 수성못 주변에 있던 충혼탑과 함께, 1960년 총공사비 1억 2,800만 원을 들여 건립한 수성관광호텔의 옛 모습 등이 있다. 또한 눈 내린 수성못의 고즈넉한 풍경과 눈사람을 만들며 호들갑을 떠는 여고생들의 모습, 60년대 중반 꽁꽁 언 수성못에서 빙상대회가 열리고 있는 장면도 있다.

빙상대회와 관련해 구술해 준 신동균 씨는 "광복이 되고 나서 수성못에서 스케이트 대회도 열렸다. 시내 영선못의 얼음이 시원찮으면, 수성못으로 와서 스케이트 대회를 열고 그랬다."고 회상했다. 일제강점기 ㄱ자 건물로 건축됐던 '녹수장' 이 대구의 명소 '호반레스토랑' 으로 변해

가는 과정도 향토자료에 등장한다. 녹수장이 친구 집이어서 아름다운 정원에서 숨바꼭질하던 김수자 씨의 구술도 기록으로 남아 있다.

향토자료는 말 그대로 향토鄕土와 관련된 각종 정보자료를 뜻한다. 주제는 해당 지역의 역사·문화·사회·경제·인물 등 망라적이며, 형태별로는 책·사진·영상 등 아날로그 매체와 디지털 매체를 아우른다. 향토는 자신이 태어난 곳, 조상들이 생활한 곳, 소년시절을 보낸 곳 등 생활공동체로서의 의식을 갖는 지역사회다.

그 지역적 범위는 반드시 고정되어 있는 것이 아니다. 마을이나 읍·면·동 단위가 될 수도 있고, 기초자치단체 또는 광역자치단체 등을 가리키는 경우도 있다. 향토가 인간의 인격 형성에 미치는 영향력은 매우 크기 때문에 세계 각국에서 국민교육의 기반으로 향토에 입각한 교육에 주력하고 있다.

결론적으로 향토자료는 지역 정체성을 정립하는 기초자료란 가치를 지니고 있으며, 지역공동체를 복원하고 강화하는 데 필수적인 지적문화 정보자료다. 지역주민으로서는 향토자료를 통해 지역문화를 향유하고, 자긍심을 고취하며, 애향심을 갖게 된다.

이 때문에 지역사회를 기반으로 활동하는 공공도서관은 향토자료를 수집하고, 기록하고, 보존하고, 공유하고,

활용하는 데 애쓰고 있다. 하루하루 사라져 가는 향토의 각종 정보자료를 수집해 기록함으로써 지역의 지적문화 유산을 계승하자는 것이다.

향토자료를 전담하는 기관도 적지 않다. 또 향토자료로 지역 콘텐츠를 만들어 아날로그 기록물인 책을 발간하고, 이를 디지털 아카이빙archiving하는 것이 추세다. 서울시 중구문화원이 향토사 자료집 시리즈를 발간하면서 "향토에서 일어난 역사적 사건을 재조명하고, 향토 출신 인물의 발자취를 더듬어 가면서 지역주민의 참다운 일체감을 얻을 수 있을 것입니다."라고 밝힌 취지에서 중요성을 알 수 있다.

지역과
지역도서전

한국지역도서전은 대한민국의 지역출판물과 독서문화를 공유하고 소통하기 위해 매년 기초자치단체 단위에서 열리는 전국 규모의 책축제인 동시에, 독서축제다. 2020년 한국지역도서전은 10월 16일부터 18일까지 대구시 수성구 두산동 수성못의 상화동산과 수성구립도서관인 범어·용학·고산도서관 세 곳에서 진행되었다.

한국지역도서전은 2017년 제주에서 시작됐다. 서울과 경기도 파주의 유력 출판사들이 국내 출판시장의 대부분을 차지하는 현실 속에서도 지역문화를 보전하고 확산하려는 노력을 포기하지 않는 지역출판사들이 모인 한국지역출판연대가 제주시와 함께 도서전을 개최하면서부터다. 이어 2018년에는 경기도 수원에서, 2019년에는 전북 고창에서 성황리에 열렸다. 2020년은 4회째다. 수성구는 고창에서 열린 한국지역도서전에서 몇몇 도시와의 경합을 거쳐 도서전 유치에 성공하면서 차기 개최도시 선포식에 초대되기도 했다. 2021년 개최지는 강원도 춘천으로 내정됐다.

개최지를 소개하는 과정에서 눈치 빠른 시민들은 알아챘겠지만, 한국지역도서전은 각 권역의 출판 및 독서문화를 대표하는 기초자치단체에서 열리고 있다. 제주권에서는 제주시, 경기권에서는 수원시, 호남권에서는 고창군, 영남권에서는 수성구, 강원권에서는 춘천시가 그러하다. 해당 기초자치단체는 해당 권역에서 출판 및 독서문화를 대표할 수 있도록 노력하겠다는 의지와 각오를 다진 끝에 개최도시로 선정되었다. 특히 자치단체 스스로와 지역주민에게 약속을 한 것이다.

출판문화는 기록문화의 원형이며, 기록문화가 중요한 것은 그 시대의 문화를 담고 있기 때문이다. 특히 지역의 기록문화에는 지역문화가 오롯이 담겨 있을 수밖에 없다. 대구의 문화, 수성구의 문화에 대해 서울이나 파주의 출판사가 관심을 가질 리 만무하다. 이런 이유로 한국지역도서전은 지역출판사들의 출판물을 공유하는 데 그칠 것이 아니라, 해당 지역의 문화를 제대로 녹여내야 의미가 있다.

이 때문에 역대 한국지역도서전 조직위원회는 준비과

정에서 고민에 고민을 거듭했다. 2017년 제주에서는 '동차기 서차기 책도 잘도 하우다예(동네방네 책도 많네요)' 란 슬로건을 내걸고 '4·3특별전' 과 '올레책전' 등을 펼쳤다. 또 2018년에는 수원 화성행궁 일대에서 '지역 있다, 책 잇다' 란 슬로건 아래 '신작로 근대를 걷다' '도서관 속 수원, 역사와 문학을 담다' 등의 특별전을 진행했다. 2019년 고창 책마을해리에서는 '지역에 살다, 책에 산다' 란 슬로건을 내걸고, '할매작가 전성시대전', '책감옥 체험' 등 다양한 프로그램이 진행됐다.

대구수성 한국지역도서전 조직위원회도 어깨가 무거웠다. 대구와 수성구의 문화 정체성을 제대로 조명함으로써 지역주민에게는 자긍심을, 외지 방문객들에게는 우리 지역의 문화적 특질을 보여줘야 하는 부담감 때문이었다. 특히 '고담시티' 로 불린 적이 있을 정도로 부정적인 이미지만 있을 뿐 정체성이 모호한 대구는 물론, 졸부동네로 비춰질 수도 있는 '대구의 강남' 이란 별명을 가진 수성구의 문화 정체성을 제대로 확인시켜 줘야 했다.

초기 조직위원회의 구상은 다음과 같았다. 대구의 문화 정체성은 고려시대 초조대장경이 팔공산 부인사에 봉안됐으며, 조선시대 출판문화의 3대 거점 역할을 경상감영에서 수행했던 역사적 사실을 통해 대구가 영남권 기록문화의 본산이란 점을 부각시킬 계획이었다. 또한 수성구

파동에 있었던 계동정사가 대구 유생들에게 퇴계 성리학을 보급하기 시작한 대구 유학의 뿌리란 점으로 수성구의 문화 정체성을 확립한다는 전략이었다.

2020년 한국지역도서전에 의미를 부여할 또 다른 대목은 민간 주도로 추진된다는 점이었다. 개최지 단체장인 김대권 수성구청장은 다른 도시에서 의례히 맡았던 조직위원장 자리를 사양하고, 시조시인인 문무학 전 대구문화재단 대표를 조직위원장으로 위촉했다. 또한 민간 전문가를 조직위원회 사무국장으로 임명함으로써 민간 주도의 한국지역도서전이 되도록 체제를 갖췄다.

이 밖에도 명실상부하게 지역주민과 함께하는 한국지역도서전이 되도록 전 국민을 대상으로 슬로건을 공모했다. 1,000명이 만 원씩 모아 지역출판대상을 시상하는 '천인千人 독자상'에 동참할 후원자도 모집했다. 많은 시민들의 관심과 참여가 동반된 한국지역도서전을 통해 대구와 수성구의 문화역량을 확인하였다.

지역
제대로 알기

"지방공무원 채용시험 과목에 지역학이 포함돼야 합니다."

필자가 근무하는 도서관에서 한 해 동안 '대구 제대로 알기'란 주제로 진행한 국비 공모사업 '길 위의 인문학'을 마무리하는 후속모임에서 나온 이야기다. 지방자치단체 소속 공무원으로 근무하기 위해 치러야 하는 관문인 '공시'에 해당 지역에 대한 지식을 확인할 수 있는 과목이 들어가야 한다는 주장이다. 지역주민 입장에서는 당연히 요구할 만한 이야기다.

하루가 다르게 발전하는 정보통신기술(ICT) 덕분에 이뤄진 세계화시대에 지역의 가치는 더욱 커지고 있다. 글로벌시장에서 벌어지는 경쟁도 국가 단위가 아니라, 도시 단위로 바뀐 지 오래다. 그리고 세계적인 경쟁력이 있고, 부가가치가 높은 상품은 문화콘텐츠란 인식이 일반화된 문화의 시대를 맞았다. 문화콘텐츠가 아니라면 스토리텔링을 통해 해당 도시의 문화적 배경이라도 담아야 상품을 세계시장에 내놓을 수 있다. 지역성이 담보되지 않으면 상품의 경쟁력을 확보할 수 없는 세상이 된 것이다. 시민들이 지역을 공부하지 않을 수 없는 배경이 바로 이 대목이다.

필자는 영국에 출장을 갔다가 그 즈음 주영한국대사관에 신설된 한국문화원 관계자를 만날 기회가 있었다. 그 관계자에게 런던에서 먹히는 한국의 문화콘텐츠가 무엇인지 물어봤다. 당시 국내에서는 대형 창작뮤지컬 '명성황후'의 미국 뉴욕과 영국 런던 진출을 포함해 100만 관객 달성을 자축하는 분위기가 형성돼 있었기 때문에 해외시장의 반응이 궁금했다.

그러나 런던에서의 성과는 기대 이하였다는 답변이 돌아왔다. 반면에 한국적 리듬으로 무장한 '난타'와 동양무예 퍼포먼스인 '점프'가 큰 호응을 얻었다고 했다. 서양의 무대공연 장르인 뮤지컬보다 동양적인 매력을 발산한 넌버벌 퍼포먼스가 유럽인의 눈길을 끌었다는 사실은 시사하는 바가 컸다.

우리는 페이스북, 트위터, 인스타그램, 유튜브 등 사회관계망서비스(SNS)가 지구촌에서 실시간으로 소통하고 정보를 공유하는 미디어로 확실하게 자리를 잡은 시대에 살고 있다. 베를린필과 런던필의 공연실황을 큰 어려움 없이 스마트폰으로 집에서 즐기는 세상이다. 정보통신기술이 발달하지 않았던 시절, 다른 곳에서 성공한 콘텐츠를 가져다 쓰는 방식은 이제 통하지 않게 됐다. 글로벌시장을 두드리기 위해서도 마찬가지다. 경쟁력을 갖추려면 우리 지역을 더 공부해야 하고, 지역에 몰입하지 않고서는 해답을 얻기 어렵게 됐다.

오죽하면 지역학이 공무원시험 과목에 들어가야 한다는 주장이 나오겠는가. 지역에 대해 얼마나 알고 있는지 확인하는 과정은 자신이 근무하고자 하는 지역에 대한 관심을 점검하는 척도가 될 것이기 때문이다. 그것도 아니라면 급여를 받는 지역에 대한 최소한의 자세를 요구하는 시민의 목소리다.

이처럼 공무원에 대한 기대가 큰 것은 침체된 경제상황 때문에 민간영역에서 기대할 것이 별로 없다고 판단하기 때문이다. 기업과 자영업자들이 쳐다보는 것은 궁극적으로 관급사업뿐이라는 것이 시중의 여론이다. 시장에 수혈될 돈줄을 정부와 지방자치단체가 쥐고 있는 것이 현실이다. 그러기에 공무원의 역할이 중요한 시점이다.

이날 '대구의 미래를 묻다' 란 주제로 진행된 후속모임에서 거론된 다른 이야기도 적지 않았다. 서울 지향적인 현실에서 탈피해 열등의식을 벗어던지고 자긍심을 갖는 시민이 되자는 자성의 목소리도 나왔다. 그러기 위해서는 우리 지역을 제대로 공부함으로써 긍정적인 측면을 발굴하려는 시민 모두의 노력이 요구된다는 주문이 이어졌다. 또한 권력 지향적인 대구시민의 자세를 지적하는 언급도 있었다. 이와 관련해 유권자로서의 권리와 의무를 포기한 채 기득권에 기대려는 성향이 지적되기도 했다.

두 시간 정도 진행되는 동안 이야기는 자연스레 미래를 여는 교육으로 모아졌다. 자녀가 공부를 잘하면 이과에서는 의사, 문과에서는 판검사를 만들려는 학부모의 욕심은 역시 권력 지향적이란 분석이 나왔다. 이보다는 똑똑한 청년들이 과학과 문화 영역을 공부해 세계인의 삶의 질을 향상시키는 데 기여하도록 이끌어야 한다는 각성이 나오기도 했다.

대구의 젊은이가 포함된 BTS와 '미스터 트롯'의 열풍을 언급하면서 자신이 잘할 수 있는, 좋아하는 분야를 선택하도록 지원하는 것이 지금보다 나은 대구의 미래를 여는 첩경이란 의견도 모아졌다. 참석자들은 마지막으로 '미래는 준비된 자의 것'이란 금언과 함께, 우리 지역의 자산과 우리의 삶으로 미래를 개척하자는 결론을 내렸다.

대구정신과
의병활동

　문화체육관광부가 주최하고, 한국도서관협회가 주관하는 국비 공모사업인 '2018 길 위의 인문학'에 '수성구 선비정신에서 비롯된 대구정신을 찾아서'란 주제로 선정된 수성구립 용학도서관의 첫 탐방이 수성구 파동 무동재 앞마당에서 절정을 이뤘다. 참가자들은 달구벌죽궁 김병연 대표의 지도 아래, 활을 쏘는 전통예법인 향사례 시범을 관람한 뒤 모두 대나무로 만든 활인 죽궁竹弓에 화살을 메겨 쏘는 체험을 했다. 이어 세 발씩 쏘아 과녁을 맞히는 국궁대회가 토너먼트 방식으로 진행되면서 참석자들을 열광케 했다.

　이날 이벤트는 첫 번째 소주제인 '대구정신과 의병활동'의 세 차례 강연에 이어진 탐방으로 임진왜란 당시 왜

군이 대구로 진입한 팔조령에 터만 남아 있는 북봉대를 둘러보면서 당시 왜군에 맞서 의병활동을 벌인 선조의 행적을 더듬어 찾는 일정이었다. 탐방은 활쏘기 체험에 이어, 정묘호란 때 의병장을 지낸 문탄 손린을 모신 수성구 상동 봉산서원과 임진왜란 때 의병장을 지낸 모당 손처눌 등의 위패가 봉안된 수성구 황금동 청호서원을 찾는 순으로 진행됐다.

인문학 프로그램에 활이 등장한 이유는 대구지역 첫 퇴계 문인으로 지역 선비들에게 성리학을 교육시킨 데다, 모당 등 그의 제자들이 임진왜란 당시 대구지역 의병대장을 잇따라 맡는 바람에 대구유학의 시조로 추앙을 받는 계동 전경창 때문이다. 계동은 항상 활을 가까이하면서 문무를 겸비한 선비의 자세를 제자들에게 보였다. 이 같은 계동의 가르침 덕분에 제자들이 앞다퉈 의병활동에 나섰다. 계동이 생전에 제자들을 가르치던 계동정사가 그를 모시는 무동재에 있었다고 한다.

필자가 근무하는 도서관에서는 두 번째 소주제인 '대구정신과 독립운동' 을, 세 번째 소주제인 '대구정신과 민주화운동' 을 이어가면서 대구정신을 바로 세우는 데 집중했다. 딸깍발이 선비정신이 목숨을 건 의병활동으로, 독립운동으로, 민주화운동으로 이어졌다는 사실과 그 의미는 해당 분야 전문가들이 설파했다. 이로써 프로그램에 참가하는 시민들은 대구의 정체성과 자긍심을 되찾게 되면서 시민정신으로 발현됐으면 하는 것이 프로그램을 기획한 의도였다. 더불어 건강한 시민정신은 지역공동체를 복원하는 데 정신적 토대가 될 것으로 기대한다.

죽궁도 임진왜란 의병활동과 시간의 간극은 있지만, 외적의 침탈과 불의에 저항하는 대구정신에 부합되는 스토리가 있다. 조선왕조실록 효종 6년(1655년) 2월 6일 자 기사는 "특명으로 대구부사 이정李淀을 통정계通政階로 높였다. 본도의 병사兵使가 본읍의 군기軍器를 검열하고서 이정이 새로 만든 죽궁竹弓의 형태를 임금에게 아뢰었더니 특별히 칭찬하고, 이 명이 있었다."고 기록하고 있다.

이 내용은 효종의 북벌정책에 따라 조선의 주력무기인 활을 대량으로 생산해야 했으나, 당시 활 가운데 성능이 좋은 각궁角弓의 핵심재료인 물소뿔을 청나라의 방해로 구하기 힘들게 되자, 신소재 활의 개발이 시급한 시점에 대구의 죽궁이 그 진가를 발휘했다는 사실을 담고 있다.

기록문화의
가치

"기억은 기록이 되고, 기록은 문화가 된다."는 말이 있다. 또 "기록은 역사가 되고, 역사는 미래가 된다."는 말도 있다. 기록문화의 가치를 강조한 표현들이다.

인간의 기억은 시간이 지나면서 잊히고 변형된다. 하지만 기록은 원형을 그대로 보존할 수 있다. 이 기록이 차곡차곡 쌓이면 역사가 되는 것이며, 그 역사가 인류의 과거와 미래를 이어주게 된다. 이 때문에 인류는 기록을 중요하게 생각했고, 1992년에 이르러 유네스코는 세계기록유산 등재제도를 만들기도 했다. 현재 세계기록유산에 등재된 우리나라 기록물은 모두 16건이다. 이는 국가 단위로 아시아 1위, 세계 4위다. 그만큼 우리 선조들은 기록문화를 중시했다.

기록은 존재만으로도 우리에게 교훈을 준다. 훗날 우리의 행적이 평가받을 것이 분명하기 때문에 오늘날 하루하루의 삶을 함부로 살지 못하게 하는 안전장치로 봐야 한다. 세계기록유산에 등재된 조선왕조실록과 일성록, 승정원일기 등 국가와 통치자의 기록은 역사가 돼 미래의 나침반이 되고 있다. 난중일기 등 개인의 기록인 일기도 마찬가지 역할을 한다.

특히 개인 또는 집단의 욕심을 채우기 위해 수단과 방법을 가리지 않는 무한경쟁시대를 사는 현대인에게 교훈적인 대목이 아닐 수 없다. 이와 함께 기록은 역사 및 문화 정체성을 찾는 통로로서 그 기능을 수행한다. 기록물의 탐색을 통해 문화콘텐츠를 생산할 수 있으며, 이를 브랜드로 만듦으로써 도시 마케팅을 위한 자산으로도 쓰임새가 있다.

기록문화의 사전적 정의를 살펴보면 '문자를 이용해 어떤 것을 적어 놓음으로써 형성된 문화'다. 이는 기록이 아날로그 방식인 문자에 의존한 시대의 정의다. 하지만 디지털기술을 기반으로 한 멀티미디어 시대인 오늘날에는 책, 신문, 잡지, 포스터, 그림, 악보, 영화, 지도 등 모든 매체에 담긴 콘텐츠가 기록물로 인정된다. 이 때문에 요즘 기록보관소로 번역되는 아카이브archive와 기록을 보관하는 행위를 의미하는 아카이빙archiving에 대한 관심이 높아지고 있다. 정부와 지방자치단체 소속 기관들은 물론, 개인도 기록문화의 가치를 인식하고 기록을 남기려는 의지이기에 바람직하다.

현존하는 세계 최고의 금속활자본으로 세계기록유산에 등재된 '직지直指'를 간행한 흥덕사 소재지인 충북 청주는 1992년 고인쇄박물관을 개관하고, 2019년 대한민국 독서대전을 유치하면서 '기록문화 창의도시'임을 주창하고 있다. 또 전라감영 소재지로 '완영본完營本'을 간행했던 전북 전주는 2011년부터 전주한옥마을에 완판본문화관을 운영하면서 '기록문화의 도시'임을 내세우고 있다. 또 세계기록유산인 팔만대장경을 소장한 해인사 소재지인 경남 합천은 매년 '합천기록문화축제'를 열고 있다.

한편 1601년부터 경상감영 소재지로 '영영본嶺營本'을 간행하면서 현행 행정구역으로 대구·경북 및 부산·울산·경남지역 기록문화의 본산이었던 대구는 어떠한가. 궁금한 대목이 아닐 수 없다. 아직까지 지방자치단체 차원의 움직임은 감지되지 않지만, 최근 시민들의 다양한 시도가 잇따르고 있어 한 줄기 빛으로 느껴진다.

2019년 12월 봉산문화회관에서는 '동인동인東仁同人- linked 아카이브展'이 열렸다. 이 전시의 주인공은 1969년 대구에서 가장 먼저 지어진 동인시영아파트다. 중구 동인동에 자리 잡은 지 51년 만인 2020년 재건축으로 사라질 운명에 놓인 이 아파트는 4층 복도식이며, 계단 대신 나선형 경사로가 특징이다. 아파트 및 거주자들 삶의 흔적을 기록하기 위해 모인 예술가들은 2년간 아파트란 근대적 건축물이 지닌 상징성과 신천 등 주변의 역사성이 뒤섞인 공간을 꼼꼼하게 탐사했다.

그 결과 2018년에는 아파트의 주거문화와 도시생태의 이모저모를 이 동네 어린이들의 시선으로 재발견한 그루터기 탁본 등 다양한 작품을 선보이는 전시가 열렸다. 2019년에는 예술가의 시각으로 접근한 미디어 파사드, 인형극, 1일 숙박체험 게스트하우스, 메가폰 슈프레히콜, 레지던스 글방, 미디어 아트, 텍스트 아카이브 등이 공연 또는 운영된 뒤 기록물로 전시됐다.

이에 앞서 내방가사문학회는 2019년 11월 수성구립 용학도서관에서 '제1회 영남내방가사 어울마당'을 열었다. 이 행사는 내방가사를 세계기록유산으로 등재하기 위한 시도다. 내방가사는 조선시대부터 주로 영남지역 여성들에 의해 창작되고 향유된 한글문학으로, 세계에서 유일한 집단 여성문학이다. 이날 회원들은 허난설헌의 '봉선화가'와 작자 미상의 '경상도 칠십일주가' 등 전승된 내방가사와 함께, '자탄가', '도동서원 보물담장' 등 자작 내방가사를 소개했다. 특히 두루마리 또는 책자 형태로 기록된 내방가사를 전시해 시민들의 눈길을 끌었다.

대구정신과
독립운동

"대구가 어떤 도시인가?"란 질문에 선뜻 답할 수 있는 시민이 얼마나 될까. 대구 토박이인 필자의 어린 시절, 대구는 '사과의 도시' 또는 '섬유도시'로 불렸다. 그러나 사과는 지구온난화의 영향으로 경북 북부지방 위쪽으로, 대량소품종 생산방식의 섬유는 중국을 거쳐 동남아로 그 역할을 넘겨준 지 오래다. 그 이후로 수많은 시도가 있었으나, 대구를 한마디로 표현할 만한 수사는 기억에 없다. 대구의 정체성이 모호하기 때문이다.

실제 대구에서는 우뚝한 독립운동가들이 활동했지만, 제대로 알려지지 않고 있다. '박 작대기'로 불리며 일본상인의 이익을 지켜주기 위해 대구읍성을 허물어버린 친일파 박중양의 이름은 지금도 전해지지만, 가장 살벌한 일제의 식민정책이 진행되던 1910년대 대구에서 대한광복회를 조직해 전국에 지부를 두고 독립전쟁을 준비한 박상진 총사령의 이름을 아는 시민은 극소수다. 박상진 총사령의 의혈투쟁은 김원봉 선생의 의열단 조직에 영향을 미쳤으며, 대한광복회 부사령인 김좌진 장군을 만주로 파견해 향후 무장독립운동의 불씨로 삼는 등 독립운동사에서 차지하는 위치가 남다르다.

필자가 근무하는 도서관에서도 같은 맥락에서 국비 공모사업을 진행했다. 2018년 '길 위의 인문학' 두 번째 주제 '대구정신과 독립운동' 이 그것이다. 국립신암선열공원에 대한 특강에 이어, '대한광복회를 중심으로 본 대구지역 무장독립운동', '태극단 사건을 중심으로 본 대구지역 학생독립운동' 이란 제목의 특강이 계속됐다. 주말에는 국립신암선열공원을 시작으로 대구시내에 산재한 독립운동의 흔적을 찾아나서는 탐방도 진행됐다.

대구가 독립운동의 성지란 사실을 아는 시민은 그리 많지 않았다. 독립운동에 헌신한 선열들을 기리는 사회적 분위기가 형성돼 있지 않기 때문이었다. 탐방 프로그램에 참가한 시민들은 "대구가 애써 독립운동가들을 잊으려 했던 것으로 느껴진다.", "미안하고 부끄러움을 넘어 분노를 느낀다.", "대구의 정체성을 바로 세워야 한다."고 말했다.

이날 무더위에도 불구하고 대구지역 독립운동의 흔적을 찾아 나선 시민 40여 명은 가장 먼저 국립묘지로 승격된 신암선열공원을 찾았다. 독립운동가 52분의 위패가 모셔진 '단충사丹忠祠'와 묘소를 참배하기 위해서였다. 그러나 단충사의 문이 굳게 닫혀 있는 바람에 계단 밑에서 묵념을 할 수밖에 없었다. 단충사 참배시간이 공무원 근무시간인 월요일부터 금요일까지, 오전 9시부터 오후 6시까지이기 때문이었다.

그뿐만이 아니다. 대구시 인터넷 홈페이지에 소개되는 대구의 근대사는 국채보상운동, 조선국권회복단, 신간회 대구지회 등을 언급할 뿐 독립운동사에서 우뚝한 대한광복회나 박상진 총사령에 대해서는 한마디도 없다. 또한 각 지방자치단체마다 앞다퉈 독립운동기념관을 건립하지만, 대구에서는 아직까지 계획조차 없는 실정이다.

대구는 청일전쟁 때부터 일본군이 주둔한 군사 요충지다. 일제강점기에는 일본군 보병 제80연대가 현재 남구 이천동 일대 미군부대 자리에 주둔했으며, 동구 K-2비행장도 1936년 건설됐다. 이처럼 일본군이 많았기 때문에 다른 지역보다 독립운동을 벌이기에 위험부담이 훨씬 더 컸지만, 선열들은 목숨을 기꺼이 내놓았다.

특히 무장투쟁을 전개해 독립을 달성하려고 했던 대표적인 독립운동단체인 대한광복회가 1915년 7월 7일 달

성공원에서 결성됐다는 사실에 주목해야 한다. 대한광복회는 만주를 비롯해 조선 8도에 지부를 두고, 일제의 금광과 우편마차를 습격하거나 친일파 부자를 처단하는 무장투쟁을 전개했다. 대한광복회는 1910년대 국내독립운동의 공백을 메웠고, 민족역량이 3.1운동으로 계승되는 기반을 제공했으며, 1920년대 의열투쟁의 선구적 역할을 담당하는 등 독립운동사에서 우뚝한 위치를 차지하고 있다.

대구의 독립운동은 1940년대 학생들을 중심으로 다시금 불꽃을 피웠다. 1941년 대구사범학교 학생과 교사 등 3백여 명이 체포된 반딧불 사건을 비롯해 1940년 대구사범학교 학생들이 조직한 무우원 사건, 1942년 대구상업학교 학생 26명이 조직한 태극단 사건, 1944년 대구학병 탈출 사건 등이 있다. 특히 무우원 조직원들은 법정에서 독립을 도모한 사실을 인정한 뒤 일제 법원에 상고하지 않고, 해방 전에 모두 옥사하는 기백을 보였다.

독립운동의 성지,
대구

2020년 7월에 달서문화재단 웃는얼굴아트센터 청룡
홀에서 대구 출신 독립운동가인 애산愛山 이인李仁 선생을
기리는 창작뮤지컬 '애산'의 공연이 열렸다. 오픈하자마
자 4시간 만에 좌석이 매진될 정도로 시민들의 관심이 높
았다.

선생은 대구시 중구 사일동에서 태어난 항일 인권변
호사이자, 조선어학회 33인 중 한 명인 한글운동가다. 일
제강점기에 의열단 사건과 6·10만세운동 사건 등으로 체
포된 독립운동가들을 변론했으며, 조선어학회 사건으로 4
년 가까이 옥고를 치렀다. 해방된 뒤에는 초대 법무부장관
과 반민족행위특별조사위원회 위원장을 지냈으며, 유언
을 통해 모든 재산을 한글학회에 기증함으로써 한글회관

건립의 밑거름이 되게 했다. 이 같은 애산 선생의 얼을 기리기 위해 대구변호사회는 2016년 사회적 약자들의 인권 옹호에 현저한 공로가 있는 시민이나 단체를 포상하는 '애산 인권상'을 제정해 매년 시상하고 있다.

2020년에는 무장독립운동사에서 기념비적인 승전보를 울렸던 봉오동전투와 청산리전투가 100년을 맞았지만, 독립만세운동 및 상해임시정부 수립 100주년에 비해 독립운동을 기리는 분위기가 크게 위축된 것처럼 느꼈다. 코로나19 사태도 한 원인으로 작용했을 것이다. 하지만 다행스럽게 최근 들어 독립운동사에서 제대로 평가받지 못한 대구와 지역 출신 독립운동가를 조명하는 책이 잇따라 출간되는 등 대구독립운동기념관을 건립하기 위한 시민운동이 본격화되고 있어 다행이다.

대구독립운동기념관 건립추진위원회는 2020년 7월 20일 대구문화예술회관 팔공홀에서 시민 250여 명이 참석한 가운데 발기인대회를 열었다. 이날 추진위원회는 대구가 독립운동의 성지였으나 이 사실을 모르는 시민이 많으므로, 독립운동기념관을 건립해 애국지사를 기리고 역사교육의 장을 만들어야 한다는 점을 강조했다. 대구독립운동기념관 건립은 1910년대 최고의 무장항일결사체인 대한광복회 지휘장 우재룡 지사의 장남 우대현 선생이 대구시 동구 용수동 팔공산 기슭의 사유지 4만 7천여 ㎡를 독립운동기념관 부지로 기부하면서 가시화되고 있다.

대구는 항일의병운동사와 독립운동사에서 중요한 역할을 수행한 도시다. 통계만 살펴봐도 그렇다. 2020년 현재 국가보훈처가 인정하는 독립운동유공자 수를 1925년 당시 인구를 기준으로 살펴보면 대구(159명)는 시민 481명에 1명, 서울(427명)은 802명에 1명, 부산(73명)은 1천461명에 1명, 인천(22명)은 2천556명에 1명꼴로 서훈을 받았다.

실제 대구는 을미사변 이후 최초의 항일의병장 문석봉 선생을 배출했으며, 광문사를 중심으로 김광제 선생과 서상돈 선생이 주도한 국채보상운동의 발원지이다. 또한 1910년대 대표적인 국내 무장항일단체인 대한광복회가 달성토성에서 결성됐으며, 1920년대 무장투쟁을 선도한 의열단 창단 자금을 제공한 부단장 이종암 선생 등 무수한 독립지사를 배출한 도시다.

대구는 서울 서대문형무소에 버금가는 형무소가 존재했다는 점에서도 독립운동의 '성지'로 평가받아야 한다. 매일신문 정인열 논설위원이 쓰고, 대한광복회 백산 우재룡 선생 기념사업회가 펴낸 '묻힌 순국의 터, 대구형무소'에 따르면 대구형무소에서 독립지사 180명이 순국했다. 이는 서대문형무소에서 순국한 독립지사 175명보다 많은 수다. 당시 사법제도에 따라 대구는 경상도와 전라도, 제주도, 충청도, 강원도 일부지역의 독립지사들의 순국 터

가 된 것이다. 하지만 대구형무소는 흔적도 없이 사라졌
고, 중소도시에도 있는 독립운동기념관이 대구에는 아직
까지 없을 정도로 독립운동이 제대로 평가받지 못하고 있
는 것이 현실이다.

'대구사람'
전태일

　'대구사람' 전태일이 이제야 대구에서 되살아나고 있다. 역설적이게도 서울을 비롯한 전국적으로 인정받은 대구사람이 이때까지 고향에서 제대로 평가받지 못했던 것이다. 전태일은 1948년 대구에서 태어나 어린 여공들의 인간다운 삶을 위해 몸부림치다가 1970년 11월 13일 서울 평화시장에서 "근로기준법을 준수하라. 우리는 기계가 아니다."라고 외친 뒤 자신을 불사른 노동운동가다.

　늦었지만 대구에서 그가 살았던 옛집을 사들여 '전태일 기념관'을 조성하는 초석이 마련됐으며, 문화예술계에서도 전태일을 조명하는 책과 작품을 내놓는 것은 그나마 다행스럽다. 대구의 자존심이 살아있다는 증거이기 때문이다.

전태일 열사 50주기를 하루 앞둔 2020년 11월 12일, 대구시 중구 남산동의 한 옛집에 '전태일'이란 이름이 새겨진 문패를 다는 행사가 열렸다. 전태일의 가족들이 1963년부터 1년 정도 셋방 두 칸을 얻어 살았던 집이었다.

현재 명덕초등학교 강당 자리에 있었던 야간학교인 청옥고등공민학교를 다녔던 그 시절을 두고, 그는 자신의 일기에서 "인생에서 가장 행복했던 때"라고 회고하기도 했다. 이날 행사는 사단법인 '전태일의 친구들'이 2년간 시민들을 상대로 십시일반 모금운동을 벌여 남산동 옛집을 샀다는 사실을 알리기 위해 마련됐다.

대구시민들이 의기투합해 지난해 창립된 '전태일의 친구들'은 남산동 옛집 매입자금 5억 원을 모으기 위해 꾸준하게 노력했다. 미술가와 음악가들은 기부 전시회와 콘서트를 마련했으며, 지금도 기념관 건립비용을 모금하고 있다.

전태일 열사를 조명하는 책의 출간도 이어졌다. 전국 12개 출판사가 그를 조명하는 『전태일 열사 50주기 공동 출판 프로젝트-너는 나다』가 그것이다. 대구지역 출판사 한티재는 『태일과 함께 그늘을 걷다』를 펴냈다. 저자는 전태일이 살았던 시대와 현재의 노동현장과 사회의 뒷면을 들추면서 인간다운 삶에 대해 질문을 던진다. 이밖에도 『왜 전태일인가』, 『전태일 평전』 개정판이 나왔다. 또 대구문화재단이『대구에서 전태일을 기억하기-전태일로 본 대구 정체성』을 펴내기도 했다.

대구와 달리, 서울을 비롯해 전국적으로는 '대구사람' 전태일을 일찌감치 제대로 평가했다. 서울에서는 1981년 기념관건립추진위원회가 발족된 뒤 '아름다운 청년 전태일' 이란 호칭을 부여하면서 청계천에 기념관과 동상을 만들어 그를 기리고 있다.

정부에서도 노동계 최초로 무궁화훈장을 추서했다. 무궁화훈장은 국민복지 향상과 국가 발전에 기여한 사람에게 수여하는 국민훈장 1등급이다. 또 서울 도봉구는 도로명주소위원회를 열어 그가 살았던 옛 판자촌 집터 인근의 도로 이름을 앞으로 5년간 '전태일로路' 로 부르기로 했다.

대구는 인물 평가에 인색한 도시로 알려져 있다. 수십 년 동안 대구에서 생활하면서 지역사회에 동참했던 한 교수의 말은 시사하는 바가 크다. 지역대학에서 정년퇴직을 해도 자신이 대구사람이 아니라, 외지인으로 취급된다는 언급이 바로 그것이다. 몹시 서운했을 것이 분명하다. 대구의 발전을 가로막는 지역 특유의 폐쇄성이 그대로 드러난 사례다. 다른 지역에서는 자그마한 연고만 있어도 자기 지역의 사람이라며 끌어안고 지역발전의 동력으로 삼으려고 힘을 모은다. 현명한 판단이다.

하물며 대구에서 태어나고 대구에서 생활한 전태일을 이제야 대구사람으로 취급하려는 우리 지역의 풍토가 안타깝다. 삼성그룹의 발상지가 대구이고, 이건희 전 회장의 출생지가 대구라면서 짝사랑을 퍼붓던 것과는 사뭇 다른 태도다. 지금이라도 대구사람 전태일을 제대로 대접해야 한다.

자랑스러운
나눔 문화

    2020년 2월, 대구가 코로나19 확산의 중심지로 부각되자 위험을 무릅쓰고 달려온 의료진을 비롯해 전 국민의 지원 덕분에 확진자 증가세가 다행히 진정되었다. 그때, 대구시민들 사이에서 나보다 더 어려운 이웃을 배려하는 나눔 문화가 꽃피었고 공동체의식을 확인하는 계기가 되었다.

    3·1절 101주년 기념일을 맞아 코로나19 피해를 지원하기 위한 소액기부운동인 '1339 국민성금 캠페인'이 대구에서 시작됐다. 이 캠페인은 순식간에 전국으로 확산돼 한 주일 만에 5만여 명이 동참했으며, 1억 원에 가까운 거금이 모금되었다. 소액기부운동이 나눔 문화 확산에 효과적이란 사실이 확인되는 순간이었다. 온라인에서 개인 중

심으로 시작된 이 운동은 대구시교통연수원과 대구어린이교통랜드 임직원이 모두 동참하는 등 기관 및 단체로도 확산되었다.

대구를 청년들이 살 만한 도시로 만들자는 시민운동을 벌이는 '청년희망공동체 대구' 소속 회원들이 페이스북과 인스타그램 등 SNS에서 이 캠페인을 시작했다. '1,339원의 기부가 대구의 생명이 됩니다'란 슬로건을 내세운 이 캠페인의 기본 성금액은 1,339원이다. 코로나19를 극복하자는 의미를 담기 위해 질병관리본부의 감염병 콜센터 번호인 '1339'를 활용한 것이다. 그 이상의 성금도 물론 가능했다. 1,339원의 10배인 13,390원, 100배인 133,900원을 낸 시민들이 많았다.

모금계좌는 공인된 모금기관인 대구사회복지공동모금회의 코로나19 전용계좌로 정했다. 지정기탁 절차가 따로 필요 없으며, 기부금 영수증 발행도 가능하기 때문이었다. 특히 별도의 모금계좌를 개설할 경우 성금의 배분, 실행, 공개, 정산 등 복잡해질 향후 절차를 고려한 것이었다.

캠페인에 쓰인 포스터의 디자인까지 회원이 재능기부를 했다. 1,000원짜리 지폐와 수혈팩을 조합한 디자인은 소액기부가 이웃을 살리는 수혈과 같다는 의미를 담았다. 이와 함께 회원들은 취지문에서 "국채보상운동, 6·25 낙

동강전투, 2·28 민주운동의 무대가 대구"라면서 "대구는 우리나라의 위기를 극복한 전환의 도시입니다. 코로나19 의 위기도 대구와 경북, 대한민국이 한마음 한뜻으로 극복할 수 있습니다."라고 캠페인 동참을 호소했다.

또한 마스크 품귀현상으로 마스크 5부제가 시행되자, 온라인에서 '마스크 안 사기 운동'도 등장했다. 대구시민들이 자발적으로 노약자 등 코로나19 감염에 취약한 이웃들이 마스크를 살 수 있도록 양보의 미덕을 발휘하자는 취지였다. 페이스북에서는 '공개약속, 앞으로 4주간 제게 할당된 마스크를 구매하지 않겠습니다.'란 내용이 적힌 캠페인이 대구시민 사이에 빠른 속도로 퍼지고 있었다.

이 캠페인에 참여한 대구지역 한 변호사의 페이스북에는 하루만에 100여 명이 '좋아요'를 눌렀고, "신에게는 아직 6장의 마스크가 있습니다. 명량해전에 나가는 충무공 같습니다.", "저도 지금 있는 마스크로 버티겠습니다. 공유합니다." 등의 댓글이 이어졌다. 대구지역 한 고등학교 동기회들의 카카오톡 단체방에서도 "우리가 조금만 양보하면 마스크 대란도, 코로나19도 극복된다."는 안내문과 함께 동참행렬을 이었다.

한편 1339 국민성금 캠페인에 동참한 필자의 페이스북에 댓글을 남긴 대구지역 한 자영업자의 언행은 '어려울 때 친구가 진짜 친구다'란 진리를 확인하기에 충분했다.

"아주 좋은 모금입니다. 그런데 여기에는 사각지대가 있습니다. 지금 가장 힘든 사람은 환자와 의료진, 그리고 방역기관 관계자와 자영업자일 겁니다. 그런데 하루 벌어 먹고사는 일용근로자들도 그 고통이 다르지 않습니다. 이 성금이 그들에겐 단돈 1원도 돌아가지 않을 겁니다. 그래서 저는 저의 가게에 청소하러 오시는 도우미 아주머니가 걱정돼 얼마간의 생활비를 보내드렸습니다. 아니나 다를까 집세와 공과금을 낼 돈도 없고, 당장 먹을 것을 사기도 힘들다고 하시더군요. 여유가 있으시면 이런 분들에게도 도움을 주세요. 제발."

독서와
자녀교육

'간서치看書癡'란 말이 있다. 지나치게 책을 읽는 데만 열중하거나, 책만 읽어서 세상 물정에 어두운 사람을 낮잡아 이르는 표현이다. 다시 설명하자면 '책만 보는 바보'이거나 지독한 독서광이다. 우리나라의 대표적인 독서광으로는 조선 정조 때의 문인이자 실학자인 이덕무가 있다. 그는 스스로를 간서치라고 부를 만큼 책을 좋아했던 선비였다. 서얼 출신으로 끼니를 염려할 만큼 가난한 환경에서 자랐지만, 박학다식하고 시문에 능해 젊어서부터 많은 저술을 남겼다.

이덕무가 세상을 뜬 뒤 정조의 지시와 후원으로 출간된 유고집 『청장관전서青莊館全書』에 실린 「간서치전看書痴傳」에서 '책만 보는 바보'로 묘사된 인물이 바로 그 자신이다. 일부를 소개하면 다음과 같다.

"말도 잘 못하고, 성품은 게으른 데다, 세상일도 잘 모른다. 바둑이나 장기도 두지 않는다. 누가 시비를 걸어도 따지지 않고, 칭찬한다고 해서 거들먹거릴 줄도 모른다. 책 보는 일 외에는 다른 어떤 것도 그의 관심을 끌지는 못한다. (중략) 그의 이런 독서벽讀書癖을 두고 사람들은 간서치라고 놀려대도 웃으며 받아들인다. 그의 전기를 써주는 사람이 없기에 붓을 들어 '간서치전'을 만들고, 그의 성명은 적지 않는다."

자타가 인정하는 서양의 간서치로는 남미의 대표적인 작가 호르헤 루이스 보르헤스가 있다. 그는 "어딘가에 천국이 있다면 도서관 같은 곳일 것이다."란 말을 남긴 도서관인으로도 유명하다. 아르헨티나에서 태어난 보르헤스는 학교교육을 받는 대신에 변호사 겸 심리학자인 아버지의 개인 도서관에서 독서를 통해 셰익스피어, 세르반테스 등의 문학작품을 폭넓게 접하며 자라면서 재능을 키웠다.

보르헤스는 도서관과도 인연이 깊다. 30대 후반부터 부에노스아이레스 시립도서관에 근무하던 중 대통령을 비판한다는 이유로 40대 후반에 해고됐으나, 50대 중반에 아르헨티나 국립도서관 관장으로 취임했다. 그러나 보르헤스는 30대부터 그의 아버지와 마찬가지로 시력이 나빠 고통을 겪었는데, 이 시기에 시력을 거의 잃었다. 그는 이

상황을 "80만 권의 책과 어둠을 동시에 가져다 준 신의 절묘한 아이러니"라고 표현하기도 했다.

독서의 중요성은 새삼 강조할 필요가 없지만, 자녀의 교육적인 측면만 다뤄보고자 한다. 자녀의 인격형성은 물론, 요즘 부모들의 최대 관심사인 학업성적에도 결정적으로 중요한 영향을 미친다. 하지만 현실을 살펴보면 그렇지 못하다. 초등학교 저학년까지는 부모의 손에 이끌려 도서관을 찾지만, 고학년이 되면서 본격적으로 학원을 다니기 시작하면 책과 멀어지게 된다. 그때부터 중학교와 고등학교를 다니는 청소년기에는 입시공부에 매달리느라 독서와는 담을 쌓는 것이 일반적이다. 오죽하면 부모가 독서 중인 자녀에게 "공부를 해야지 왜 책을 읽느냐"고 닦달을 한다는 우스개가 있을 정도다.

하지만 독서를 하지 않고서는 학업에 발전이 없는 것이 엄연한 사실이다. 입시전쟁에서 성공한 학생들이 이구동성으로 하는 말은 "책을 많이 읽었어요."다. 괜한 말을 한다고 못미더워 하지만, 문장을 읽어내는 독해력 향상에는 독서가 필수다. 또한 책을 읽다 보니 궁금증이 생겨나고, 이를 해결하기 위해 독서에 몰입하게 되면서 새로운 지식정보를 습득하는 것은 물론, 창의적인 아이디어까지 탄생하는 것이다. 참고로 빌 게이츠, 워렌 버핏 등 같은 시대를 살고 있는 세계적인 부호들이 가진 공통적인 특징도 독서광이란 점이다.

　논술이란 이름의 글쓰기 능력도 독서를 기반으로 한다. 독서가 지식정보를 입력하는 단계라면, 글쓰기는 갈무리된 내용을 출력하는 셈이기 때문이다. 그 과정에서 입력이 제대로 됐는지 여부를 확인하고, 재입력하는 환류 절차도 작동된다. 학원 한 번 다니지 않은 채 초등학교 3학년 때부터 5년 이상 매주 토요일과 일요일 용학도서관에서 책을 읽었다는 대구남산고 1학년 유수혁 군은 최근 추리소설집을 펴낸 뒤 또래들 사이에서 유명인사가 됐다.

　코로나19 사태로 교육 현장에서 비대면 수업이 일상화되는 바람에 학습격차가 더욱 심각해졌다고 한다. 집안의 여건에 따라 교육 양극화가 심화된 것이다. 이 문제를 해결할 수 있는 묘책도 독서다. 자녀와 함께 자주 도서관을 찾아 좋은 독서습관을 들여놓기를 권장한다. 부모가 자녀에게 독서하는 모습을 보여주는 것보다 더 좋은 독서훈련법이 없기 때문이다.

지역사회에서
공공도서관의 역할

'책 읽는 우리 마을', '시詩 흐르는 우리 마을'

필자가 근무하는 공립 공공도서관 용학도서관이 지역사회와 함께하기 위해 내건 구호다. 도서관법에 따르면 공공도서관의 정의는 공중의 정보이용·독서활동·문화활동·평생교육을 위해 설립 및 운영되는 도서관이다. 국가 또는 지방자치단체 및 교육감이 설립·운영하는 공립 공공도서관과 함께, 법인 또는 단체 및 개인이 설립·운영하는 사립 공공도서관으로 구분된다.

이 때문에 필자가 근무하는 도서관이 주안점을 갖는 대목은 지역사회다. 구호에 '우리 마을'이란 표현을 넣은 것도 같은 맥락이다. 지역사회는 일정한 지역에서 주민들 간에 사회적 상호작용이 이뤄지고, 공통된 문화를 가지며, 그 공동체에 대한 일체감을 갖게 하는 삶의 터전이다. 따라서 지역사회는 일정한 지역, 주민, 공동체 의식을 그 구성요소로 삼는다고 한다.

지역사회에서 공공도서관의 역할을 충실하게 수행하기 위해 각종 기관 및 단체와 협력하고, 각계각층의 지역주민이 동참하는 도서관 서비스를 기획하고 있다. 이를 통해 지역주민에게 지식정보를 제공하는 것은 물론, 독서문화의 저변을 확대하고, 지역문화의 창조공간으로 기능하기 위해 노력한다. 궁극적으로는 주민들이 시민역량을 강화해 지적 자유를 누릴 수 있도록 하는 한편, 지역공동체가 활성화되는 데 일조해야 한다.

특히 올해는 지방자치제 부활 30주년이 되는 해다. 우리나라에서는 1949년 지방자치법이 제정되면서 지방자치의 역사가 시작됐지만, 1961년 폐지됐다가 30년 만인 1991년 풀뿌리 민주주의 실현을 기치로 지방의회가 출범함으로써 지방자치제가 부활했다. 아직 온전한 지방자치는 힘든 상황이지만, 그동안 공공서비스를 기대하는 시민들의 욕구는 커졌다. 공공도서관도 예외가 아니다.

공공도서관이 지역사회에서 수행해야 할 역할이 더욱 강조되는 요즘이지만, 코로나19 사태가 걸림돌이 되고 있다. 수많은 기획이 컴퓨터 속에 잠들어 있다. 특히 지역사회에서 공공도서관의 역할을 강화하기 위해 마련된 대부분의 기획은 주민들과의 대면접촉을 통해 효과를 낼 수 있는 것이다. 현재 진행되는 도서관 서비스도 사회적 거리두기를 준수하기 위해 참가인원을 대폭 줄이거나, 비대면으로 진행되고 있다. 이 때문에 효과가 코로나19 사태 이전보다 떨어지는 것이 현실이다.

필자가 근무하는 도서관이 지역사회와 함께 수년간 꾸준히 진행한 기획 중에서 지난해 코로나19 사태로 포기할 수밖에 없었던 대표적인 행사는 '우리마을 책나눔축제'와 '우리마을 동시童詩암송대회'가 있다. 행사 취소로 아쉬워하는 주민들이 많았던 만큼, 올해는 사회적 거리두기 단계를 준수하는 대면 행사 또는 비대면 행사를 준비 중이다.

이젠 공공도서관이 정보자료를 확충하는 데만 집중할 때가 아니다. 인터넷을 기반으로 구축된 디지털 가상공간에 무수히 많은 정보자료가 무수히 존재하고 있으며, 현실적으로 모든 정보자료를 한 공간에 모으는 것 자체가 불가능하기 때문이다. 어떻게 하면 이용자들이 원하는 지식정보를 제공할 수 있을지, 지역사회에서 공적 공간으로서 맡아야 할 역할은 무엇인지 심각하게 고민해야 하는 시점이다. 더구나 지금은 코로나19 사태의 종식을 예측할 수 없는 시점이기에 고민이 깊어진다.

도서관은 살아있다

초판 발행 | 2021년 10월 20일
2쇄 발행 | 2022년 10월 20일

지은이 | 김상진
발행인 | 신중현

펴낸곳 | 도서출판 학이사
출판등록 | 제25100-2005-28호

대구광역시 달서구 문화회관11안길 22-1(장동)
전화_(053) 554-3431, 3432   팩시밀리_(053) 554-3433
홈페이지_http://www.학이사.kr
이메일_hes3431@naver.com

ISBN _ 979-11-5854-322-8 03010